モダンガールのススメ

淺井カヨ

原書房

初めに

■わたくし（浅井《あさゐ》カヨ）について

小學校低學年の或る日、岐阜縣《けん》惠那《ゑな》市明智町にある、日本大正村と愛知縣犬山市の博物館明治村へ、家族に連れられて參りました。その時、幼いながらも昔の建物に強い興味を持ち、家に戻つてからも、ずつと想ひを馳せて居《を》りました。使ひ込まれて軋《きし》む音がする床に、木枠の窓と表面が波打つ硝子《ガラス》、そこに夕日が射す光景、色とり〴〵の朝顔が咲いた様な澤山《たくさん》の古い蓄音器、木の濕《しめ》つた匂ひ、柱時計の音。

數《かぞ》へ上げたらきりがありませんが、それ以降も頭の何處《どこ》かにいつもその世界への憧れがありました。

中學に入ると、アンティークが好きな級友の影響で、アンティーク風の小さな鉛筆削りなどの復刻品を集める様になり、高校に上がると地元の骨董市へ出掛ける様になりました。一浪して合格した大學に馴染めず休學をして渡歐し、英國の、百年以上前の洋館の老人ホームで約一年間、住み込みで働きました。その時にお世話をした英國の老人達が、一八九〇年代末から一九〇〇年代初頭に生まれた方々で、彼ら彼女らとの出會《であ》ひが、また一つわたくしの背中を押した様に思ひます。

歸國《きこく》し大學へ戻つたわたくしは、大學圖書館《としよかん》で見附けた、蕗谷虹兒《ふきやこうじ》と高畠華宵《たかばたけくわせう》による、大正末期から昭和初期の洋裝の女性を描いた繪《ゑ》に夢中となつてゐるうちに、卒業の時を迎へます。そして東京へ出て、平成十六（二〇〇四）年四月に、小金井公園の大正風花見會《くわい》に初めて參加した際に、わたくしが進みたい世界はこれだ！　とはつきり思つたのです。

この花見會は、大正時代風の恰好をしなければ參加が出來ないといふ風變《ふうがは》りな花見會で、全國から約二十五名が集まつて居りました。その中で、かねてから憧れてゐた、モダンガールの洋裝を自分なりに試してみたのです。髪を切り斷髪にして、ハンドバッグを持ち、手袋を嵌《は》め、當時物ではありませんが、それらしい形の水色のドレスを古着で探して、實際に着用してみました。その後、骨董店で日本のモダンガールが實際《じつさい》に着用した正絹の薄桃色の洋裝を見附けた時の驚きは今も忘れられません。

モダンガール風の裝ひを始めた頃は、大正、昭和初期に關聯《くわんれん》した催事に參加することが多かつたのですが、參加するだけでは飽き足らず、自ら企畫《きくわく》したり、協力をすることが段々多くなりました。平成十九年秋には、大正末期から昭和初期の時代の研究、實踐、交流を目的とした、「日本モダンガール協會」を設立し、國内外からも會員を募集する様になりました。

わたくしの下宿の様子と實際に使用してゐる生活道具です。

下宿の階段部分です。

雪の日の下宿です。

二階から見下ろした階段です。

昭和十年『主婦之友』五月號(主婦之友社)附錄「お洗濯一切の仕方」を參考にして、研ぎ出しの流しでいつも洗濯をします。

瓦斯臺《ガスだい》で火起こしを使用中です。

向かつて左が「三號自働式電話機」(昭和八年以降)、右が「四號A自働式電話機」(昭和三十七年製) です。どちらも使用中で、四號から三號に“機種變更”しました。携帯電話は持つて居りません。

火鉢で干物を炙ります。

芝浦製作所製の電氣扇風機です。

螺子の一本から布のコードまで復刻されたラヂオです。ツマミは、中央が周波數で、左がAM／FM、右が音量です。

手巻きの必要がない、電源コード附きのマツダ電氣時計です。

炭アイロンです。
普段は昭和二十年代製の電氣アイロンを使用しますが、冬期は炭のアイロンも使用します。

■當時《とうじ》に近附きたい！

それからは恰好だけではなく、大正から昭和初期にかけてのあらゆることを、何でも知りたい！ と考へる様になりました。一人暮しになつてからは、生活の全てを見直したのです。さうしていくと、今までに知らなかつた古い物が、新しい物として目に映る様になりました。

當時の雑誌《ざつし》や書籍を集め、當時のことを知つてゐる老人達が集まる映畫會などには積極的に顔を出し、骨董市、古書市、古道具屋、古本屋、學校や福祉會館のバザア、リサイクルショップ、とにかく古いものがありさうな場所へは何處にでも出没しました。

生活に關する物は殆ど全てその世界に作り變《か》へていきました。生活用品は當時の物を使用し、夏は扇風機で涼み、冷藏庫は氷式冷藏庫を使ひ、冬は火鉢で暖をとります。ちやぶ臺《だい》やその他の生活用品なども古物が置いてある店で少しづつ揃へ、當時の料理本から獻立《こんだて》を調べて作ります。生活の全てが實踐《じつせん》です。

住居は大正十（一九二一）年築の洋館を間借りして、そこが取り壊しになつた後には昭和三年頃に建造されたアパートを借りて住んでゐます。不動産屋に、町で一番古い物件を紹介してほしいと頼み探したものです。

實際に昔へ行くことは叶ひませんから、殘《のこ》つてゐる實物や資料から、少しでも生活を追體驗《たいけん》しようとしてゐるのです。休日や外出時だけの趣味でなく、生活自體を全てそれに當てはめるといふことをしてゐます。その生活は、わたくしの身體にとても合つてゐることが分りました。

大正風花見會に參加してから、十二年後の平成二十八年現在まで、一日たりとも「モダンガール」とその時代について考へなかつたことはありません。そして氣がつけば、同じ様にその時代に魅せられ、現代を生きる仲間達が周りにも集まつて來ました。

あの時代を知らなくても、父母や祖父母から直接聞いた話を知つてゐる昭和生まれの方、平成生まれで昭和を知らない十代や二十代の若者までもが、當時の事物にどうしても惹かれてしまふ、さうした現象が少なからず今の日本に起きて居り、インターネット等を利用して人が出會ひ、その數《かず》は增えてゐます。わたくしはここから、現代日本の状況を變へる大きな力が起《おこ》るものだと信じて居ります。

これまでの葛藤とわたくしが今までに得たこと、生活に當時のことを取り入れた話を拙いながらも懸命に傳《つた》へたいと願ふ次第です。

目次

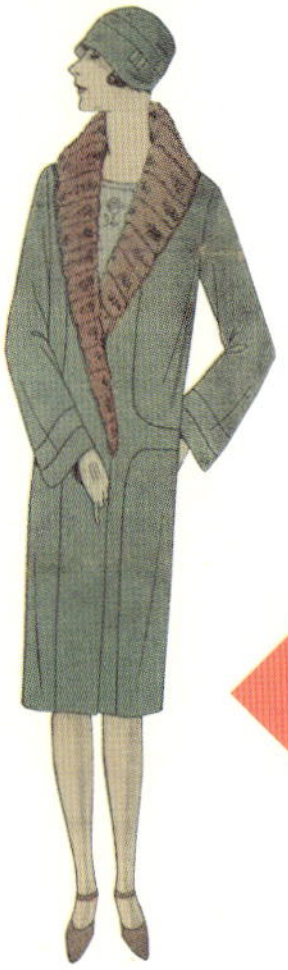
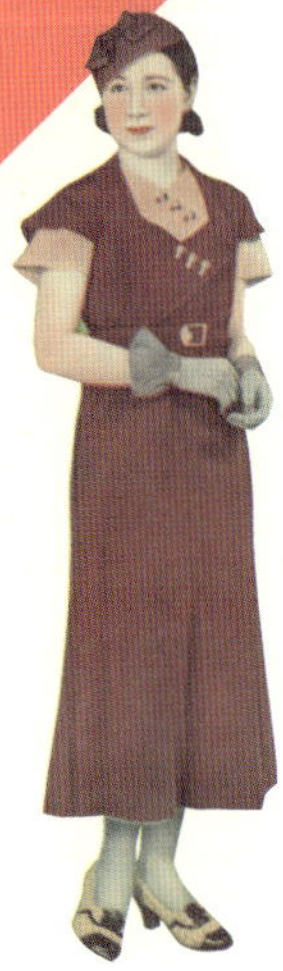
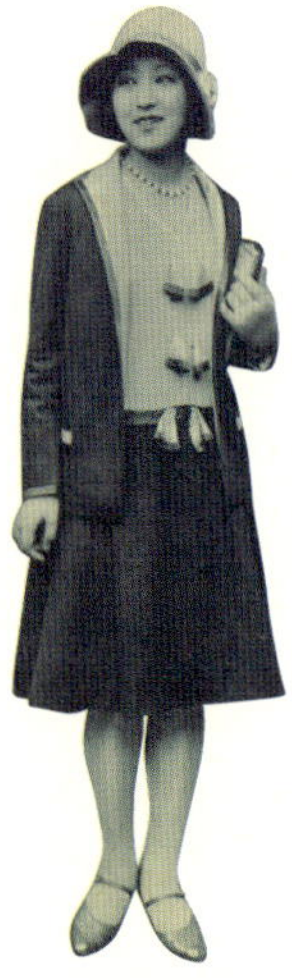

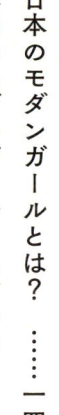

第二章 モダンなお洒落術

第三章 モダン文化の彼《あれ》是《これ》

第四章 暮しの實踐《じっせん》

終りに

現在の團體、催事、個人名等の漢字は、現代の表記を含めます。
引用文、及び書名の表記は、全て原文のまゝです。

昭和七年『大東京都市寫眞帖』(忠誠堂)の表紙です。

帝都の心臓銀座通り

も、歐米の流行が最初の姿をみせるのもこの銀座通りだ。百貨店のショートのモガ連。(左)は一萬圓の經費で出來上つた共同便所、ナント銀行の來た服部時計店のビルディング、交通整理も今は市中至る所自動式にかは

Ginza Street, the heart of Tokyo, Photo shows Crossing Street of Owarichō. (Centre of Ginza)

The Snapshot of Ginza Street. Right: Modern girls at Ginza. Left: Largest and Fine Toilet house in Ginza.

同書より、「帝都の心臓銀座通り」寫眞、影山光洋撮影。
右は「銀座ストリートのモガ連」、左は「一萬圓の經費で出來上つた共同便所」です。

第一章
モダンガールはどんな女性？

日本のモダンガールとは？

大正末期から昭和初期の日本のモダンガールに憧れて、斷髪や當時風の洋裝を眞似ることから始めましたが、恰好だけを必死に眞似てみても、分らないことや知りたいことが出るばかりでした。

昭和十二（一九三七）年發行の『机上辭典入り　モダン百科事典』（日本辭書出版社）を調べてみると、**「モダン・ガール〔流〕略してモガといふ。現代娘、近代娘。理性と叡智、四肢の豐かなる發達、進歩的思想、潑溂たる姿が、其の理想とされてゐる。然し洋裝斷髪の姿だけは如何にも近代的らしいが、教養頭腦の貧弱なのが多いので、自然此の語は、輕薄で氣障で、享樂的なオシヤレ女の代名詞」**とあります。この頃は、隨分と批判的な言はれ様です。モダンボーイは、モダンガールに對《たい》する語で、略して「モボ」と言ひます。モダンズボン（セーラーズボン）やロイド眼鏡など、多種多様な裝ひをしてゐます。男女合はせて「モボ・モガ」が一般的ですが、レディーファーストの「Ladies and gentlemen」に倣《なら》ひ（日本語では紳士淑女となる所を）、わたくしは敢へて「モガ・モボ」と呼びます。揶揄《やゆ》ではなく、當時を知る本物のモダンガールから直接、彼女達の話を聞きたいと思ひました。しかし本物のモダンガールは何處にゐるのでせう。そも〳〵今もご健在なのだらうかと、悶々として過ごしました。

そんな中、知人の祖母が若い頃にモダンガールだつたといふ話を聞きました。直接お會ひすることは叶ひませんでしたが、知人を通して當時の話を聞くことが出來ました。

女性は三文字の名前がモダンだつたこと（明治生まれは二文字が多い）、女はベルトを締めてシーム入りのストッキングを穿《は》くこと、澤山の洋裝や物を持つよりも、少ない物から如何に組み合はせるかを徹底的に考へること、銀座は表通りよりも裏通りを歩く方がモガとして恰好良いこと、など。

これらの話に、わたくしは狂喜亂舞しました。どうしたらもつとこの様な話が直接聞けるのだらうかと考へました。昭和初期にお洒落でモダンな洋服を着てゐた方、尖端的な考へを持つてゐた方は今どこにゐるのでせうか。

忘れもしない平成二十二（二〇一〇）年の敬老の日に「足立よみうり新聞」で、區長《くちやう》が白壽の方を表敬訪問、といふ記事がありました。そこに、元遞信省の電話交換手で深川から横濱まで社交ダンスに通ふモダンガールであつたといふ方の記述を見附けました。新聞記事を見たといふだけで、どうしたら直接お會ひすることが叶ふのだらうかと考へあぐねてをりました。

【雑誌を彩るモダンガールと洋装女性達です。】

同誌より、藤本斤夫の漫畫「モダンガールの言葉」です。

昭和二年『婦人世界』四月特輯號（實業之日本社）の、高畠華宵による表紙です。

大正十二年『國際寫眞情報』一月號（國際情報社）表紙です。日本女性の洋装姿が雑誌の表紙に増えてきました。

昭和三年『婦人世界』二月特輯號（實業之日本社）の、林唯一による表紙です。

大正十五年『婦女界』十二月號（婦女界社）「口繪カレンダー」の洋裝女性です。

大正七年『主婦之友』三月號（主婦之友社）婦人職業號の表紙です。婦人雜誌で女性の職業に關する特輯が組まれました。

大正十五年三月『現代婦人職業案内』（主婦之友社）表紙です。成功への道や、職業案内、生活状態、職業紹介所一覧まで掲載された實用書です。

本物のモダンガールと出會つた日

當時を知る本物のモダンガールが、百歳でお元氣であることを「足立よみうり新聞」で知りましたが、新聞社に問ひ合はせても、見ず知らずの人に先方の聯絡先《れんらくさき》を教へることはないでせう。どうしたら一日でも早くお會ひ出來るのか、考へに考へましたが良い案は浮かびませんでした。

モダンガールだけではなく、モダンガールが生きた時代を知る爲《ため》に、骨董市などで比較的安價に入手出來る古道具を色々と試しては、生活に活用しました。しかし、大正・昭和初期に關する情報收集と發信の爲に、パーソナル・コンピューターだけは新品を持ち、日々の生活について淡々と記してゐた處《ところ》、興味を持つ人が現れてメディアに取り上げられる様になりました。

平成二十三（二〇一一）年に、十五分間のドキュメンタリー番組「熱中人 モダンガールは不滅です」（NHK BS）に出ることが決まり、一か八か新聞記事で見附けた百歳のモダンガールに會ひたいと撮影班の方々に話をした處、果たしてモダンガールと撮影でお會ひすることが叶ひました。本物の日本のモダンガールに會へるといふことで、わたくしは嬉しさと緊張のあまり、半泣きの状態でした。

お住まひの施設を訪問して、百歳の「モダンガール」と初めて對面《たいめん》が出來ました。その時に尤《もつと》も印象に殘つたことは、こちらの質問に對して意見をはつきり斷定して述べられること。それでゐて相手に最大限の氣遣《きづか》ひをされ、何歳になつてもお洒落を樂しんでゐる。何度も「不良娘だつたの」と、言はれました。そして、若い時分からずつと洋裝姿であつたといふことでした。

これは、その後ずつとモダンガールを追求していく中で、大きな出來事となりました。日本のモダンガールと言つても、女學校を出てから結婚するまでの比較的裕福な婦人、職業婦人など、さまざまな人が存在し、一概に書くことは出來ません。ちなみに、大正末期から昭和初期ですから、婦人の洋裝はまだ非常に少ない時代です。

田舍の農家だつた曾祖母は明治生まれで、わたくしが幼少の頃から洋裝姿を見たことがなく、常に和服でしたが、大人になつてから、曾祖母の家の納戸の片隅に手縫ひのワンピースを見附けました。着物地で作られて居りましたが、アッパッパや簡單服［家庭などで着用された簡單な作りの服］ではなく、肩部分が立體的になる樣に丹念に手縫ひで作られた洋裝です。モダンな洋裝への憧れを感じました。

《洋装姿のモダンな寫眞です。》

寫眞館で撮影の、胸元のパールがお洒落な女性です。

骨董市で偶然、わたくしの名前と同じ「K. ASAI」の刻印が入つた寫眞を見附けました。

豪華な外套を着た女性です。

帽子にステッキの、モダンな男女の寫眞です。

目深に被るクローシュが印象的です。

モダンな男女の寫眞です。

モダンガールの名附親について

モダンガールといふ和製英語が公に使用された最初の記事は、『コレクション・モダン都市文化16　モダンガール』（ゆまに書房）によると、大正十二（一九二三）年一月十一日「讀賣新聞」の「滯英雜記」からです。ここにモダンガール（初出はモダーン・ガール）が初めて出てきます。「滯英雜記」では、英國の若い女性について書かれてゐますが**「然し思ふまゝに云ひたい事を云ひ、したい事をして終つたあとには何が殘るだらう。それだけである。さう考へて來るとモダーン・ガールの面白さは淺薄だと思ふ」**と締め括られてゐます。「滯英雜記」は、文筆家の北澤秀一《きたざはひでいち》による文章です。

北澤秀一のひ孫である北澤豊雄氏によると、北澤秀一は、明治十七（一八八四）年十一月十日に長野縣北安曇郡池田町生まれ、讀賣新聞記者、東京朝日新聞記者でもあり、英國留學、日活調査部を經《へ》て、ジャーナリスト、映畫評論家、飜譯《ほんやく》家になりました。

夏目漱石や久米正雄らと親交があり、昭和二（一九二七）年八月二十五日に逝去しました。大正十三（一九二四）年『アサヒグラフ臨時増刊　映画號』には「日活宣傳部　北澤秀一氏」と寫眞《しやしん》附きで紹介されてゐます。

モダンガールの言葉自體は、前述の通り關東大震災以前に出現して居りましたが、流行語となるのは、關東大震災後の大正末期から昭和初頭にかけてです。日本のモダンガールは、斷髮、洋裝、帽子などの服裝の特徴だけを表した言葉ではありません。

昭和四（一九二九）年『婦人問題の話　朝日常識講座9』（鈴木文四郎、朝日新聞社）によると、**「かういふ外形上の扮裝や出歩き場所によつてさう呼ばれるのでなく、個性と自我の強い、そして從來の我が家族制度の統制に反抗し、或は反抗しやうとする新しい型の婦人――これがほんとのモダーン・ガールかも知れません――の數が近年都會に於て激增して來たことは否み難い事實であります」**とあります。

北澤秀一を始めとして、雜誌や單行本などでは日本のモダンガールに就《つ》いての記述が多くなされ、新居格《にゐいたる》、清澤洌《きよさはきよし》、片岡鐵兵《かたをかてつぺい》など多くの文化人によつてもモダンガールは廣《ひろ》まります。

『復刻版　明解國語辭典』には「**【モダン・ガアル】**（modern girl）（名）**現代風の輕佻・浮薄な女子。モガ**」とあります。「ガール」は、大正三（一九一四）年の『アキレ申候』（林喜一、二松堂）に「ゲイシャガール（ガールは娘の意）」とガールの意味が註釋《ちゆうしやく》附きで書かれてゐます。「ガール」は他にも、もつと以前から使用されて居りました。

《モダンガールの名附親とモガモボ、洋装女性です。》

大正八～九年頃、英國（倫敦）留學時代と思はれる北澤秀一の寫眞です。

〈左〉大正十三年『アサヒグラフ臨時増刊 映画號』五月撥行(東京朝日新聞社)より、北澤秀一の寫眞です。
〈右〉同誌の表紙です。

毛皮を纏つた女性です。

庭球用のラケットを持つ、モガ・モボ達です。

モダンガールはいつまで續く？

昭和六（一九三一）年發行の『超モダン用語辭典』（齋藤義一、中村書店）には、「シックガール・シックボーイ」の項があります。「**モダーンガール、モダーンボーイを今一歩尖端的にしたものでモボ・モガはすでに古いとされてゐる**」といふ記述です。その時代にモダンガールがそんなに古いとは一概には言へませんが、〝超モダン〟な辭典では昭和六年に「すでに古い」と書かれてゐる處は興味深く思ひます。

次は、『婦人倶樂部』昭和七（一九三二）年八月號の漫畫小說、「奧さま旦那さま」（和《わ》田邦坊《だくにぼう》）でのお爺さんとお婆さんの會話です。

おとも婆さんが申しました。「出太郎の嫁には、タンスとかダンスとかいふことをする、モランガールを娶《と》ツてやります。」「モランガールとは何ンぢや。」「さう〳〵、モランでなしにモダンガール、あの髮を切ツたのを……」「ブル〳〵〳〵ツ。」と、住義爺《すみよし》さん、震ひ上りました。そして、「以ツての外《ほか》ぢや。あんな化物は見るのも厭ぢや。出太郎の嫁は文金高島田に決ツとる」

「オホホホ、爺さん、古い古い。」「何を!!　この不埒者奴!」

『主婦之友』昭和十（一九三五）年一月號の特輯《とくしゆう》「花嫁さんの祕密相談」（諸岡存《もろをかたもつ》）では、小父さんへ結婚前のお孃さんが、結婚について相談をする場面があります。その會話を抜粋しませう。

「小父さんは、もうこんな年寄なんだから、お前みないな《ママ》モダンガールの胸の中は、てんで見當がつかないよ」「あら、今頃、モダンガールだなんて、可笑しいわ。そんな言葉は流行後《おく》れよ」「それ御覽。小父さんは何でも流行後れだからね、お前の考へなんか解りつこないよ。併《しか》し、お前をこゝへ寄越したお母さんの気持は、私にもよく解るから、見込まれたのを災難と諦めて、少しばかりお話して上げようね」「えゝ、どうぞお願ひしますわ」

何年か前に百歳を超えても山登りをしてゐるといふ元氣な近所のお爺さんが、「山でモダンガール達に出會つた」と話をされました。よく尋ねてみたら現代の「山ガール」のことでした。そのお爺さんは、昭和四（一九二九）年には大學生で銀ブラをしてゐたといふことで、當時からモダンガールの語を現役で使用し續けてゐることに驚き、感動しました。

様々な描かれ方をしてゐる仏蘭西や日本のモダンな女性です。

大正十四年六月の佛蘭西の雑誌『Le Petit Echo de la Mode』より色々な装ひです。

昭和二年十月の佛蘭西の雑誌『LA MODE FRANÇAISE』の裏表紙です。

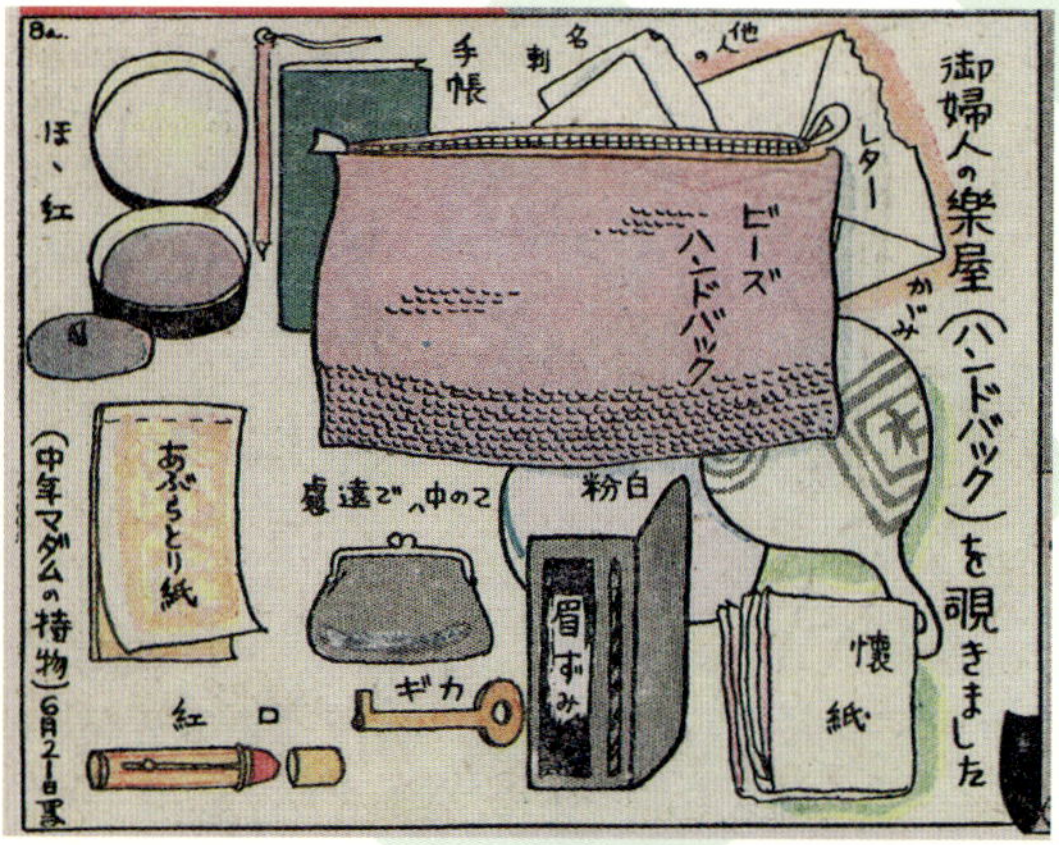

〈右〉昭和六年「時事新報」九月六日撥行、日曜附録『漫画と讀物』(時事新報社)より、「流行も偶然に非ず」の記事です。
〈左〉同紙より、中年マダムの持物です。

宮尾しげをによるモダンガールを揶揄した漫畫です。
「トモ子さんのがっかりヨ」(一)〜(四)です。

モダンガール以後のお洒落な女性達

モダンガールといふ言葉を昭和初期から使用されてゐる百歳過ぎのお爺さんも居れば、當時を知らない世代が何となく言葉のイメージだけで使用することも多々あります。この名稱《めいしやう》自體は、時代と使用する人によつて意味が變化《へんくわ》して居り、現代でも決して死語ではないとわたくしは思ひます。

しかし、前項の、『主婦之友』昭和十（一九三五）年一月號の特輯「花嫁さんの祕密相談」では、モダンガールが完全に流行遲《おく》れの言葉として描かれてゐます。これらはほんの少しの例に過ぎませんが、この頃にはモダンガールはもう時代の〝尖端〟ではないやうです。

昭和十二（一九三七）年六月三十日號の『アサヒグラフ』には「この間十年經過　銀座の流行」といふ記事が紹介されてゐますが、昭和初頭と昭和十二年の洋裝女性を比較すると、後者の方がどう見ても洗煉《せんれん》された裝ひが多く感じます。モダンガール以降の昭和十年代初めの洋裝に興味を持つ方も増えたらいいなアとわたくしは切に願ひますが、昭和初頭のまだあか抜けない印象であつても、新しいことに挑戰してみようといふ心意氣が感じられる洋裝女性の街頭寫眞にも、強く惹かれます。

また、昭和十年前後の裝ひは、八十年經過した現代人の眼から見ても、洗煉された着こなしが澤山あります。

これらを眞似するには、當時の寫眞や繪畫《くわいぐわ》等からお氣に入りを探し、徹底して眞似てみることが必要です。モダンガールにしても、それ以後の洋裝女性にしても、古き良き裝ひは時代を超越してどん〴〵取り入れませう。本書では、そのヒントになることを認《した》めて參ります。勿論、裝ひだけに限らず日常生活の智慧《ちゑ》も取り入れられたらと思ひます。

大正末期から昭和初期の全てを肯定することも、全てを否定することもありません。現代を否定して、全てを過去に戻したいのでは決してなく、今では埋もれてしまつた過去のあらゆる事柄や事物を通して、現代について見直したり、未來に向けて考へたいと思つて居ります。歴史は必ず繰り返されるものであるからです。

どうしたらその良さを傳《つた》へられるのか、あの時代を直接知つてゐる世代がどんどん居なくなつてしまふ状況の中で、いつも過去の聲《こゑ》に耳を傾ける必要があると考へます。

《廣告や雑誌に登場するモダンでシークな装ひです。》

伊東胡蝶園による「君よ御園で薔薇のやうに」と宣傳文句が添へられた和服と洋装の女性達の美しい廣告です。

昭和十一年『婦人倶楽部』九月號附録より、佐久間妙子がモデルの「モダン好みのマフラーと對のハンドバッグ」です。

昭和九年『婦人倶樂部』五月號(大日本雄辯會講談社)附錄「夏の新型子供服婦人服」より、「上品でシークな新型婦人服」です。

第二章 モダンなお洒落術

モダン洋装を探す（一）

日本のモダンガール、または昭和十（一九三五）年前後の婦人の洋装に挑戰したいと思ひ立つた際に困ることは、洋装をどこで入手したら良いのかといふ問題です。此れにつきましては、今迄にも澤山のご質問を戴きました。

何年もかけて骨董市や古道具屋をひたすら探し歩き、たま／＼運良く當時の日本製の洋装を何十着か見附けられました。しかし、着用出來る状態の品が少なく、それらは高價《かうか》ではなくても貴重な品物ですから、着つぶしてしまふことは絶對に出來ません。當時の婦人洋装で日本製の物はとても少なく、骨董市や古道具屋でも殆ど見附からないと言つて良いでせう。また、當時の日本人は今よりも背丈が低く、寸法が合はなければ着用は困難です。

古道具屋で偶然見附けた昭和初期の正絹製のワンピースは、かれこれ十年以上着用して居りますが、傷みもなく大切に使用して居ります。たゞこのやうな洋装に出會へることは非常に稀で、婦人洋装は、着用よりも資料と考へて蒐輯してゐます。破れた状態で入手した當時の洋装も澤山ありますが、これも形や素材を知る上で貴重であると思ひます。

同時代の海外（特に歐米）の洋裝となると、ずつと入手がしやすくなります。ヴィンテージ・ショップや海外のオークション・サイト等でも見附けられます。「1920' dress」などキーワードを考へて檢索すれば探せます。但し、日本の物とは多少形が似てゐても雰圍氣が異なる場合が多いです。米國製は派手な洋裝も多く、値段が手頃な物は特に作りが雑で壞れやすい物も多々あります。また、本物は今後減少することが豫想され實際に少なくなつて來てゐます。資料として蒐集する分には良いのですが、着用するのは、極稀にでない限り無理があります。それではどうしたら良いのでせうか。

殘念ながら、日本獨自のモダンガールの服裝だけに特化した店は、現時點では新品でも中古でも一軒もありません。そこで一番お薦めしたいのは、新しく作り出すといふことです。男性の背廣などを家庭で作ることは困難ですが、女性の洋裝は、餘《あま》り複雑な形でない限り、作ることが出來ると考へます。わたくし自身は、自分で作るにはまだ洋裁が下手な爲、洋裁の出來る方へお願ひしたり、仕立屋に古い洋裝を持ち込んで、お店で生地を選び、なるべく近い物が出來る樣に注文をしてゐます。チェンマイ（タイ）の仕立屋でも何點かまとめて作りました。「日本モダンガール協會」會員には、當時の服飾雜誌から作り方を獨學で覺えて、近い素材や色の布地を選び、實際に作製し着用してゐる方も居ります。

大正末期から昭和初期當時の洋裝を實際に着用した寫眞です。

日本製、昭和初期の小花模様のベルト付きワンピースです。

日本製、昭和初期の黒地に白のアクセントが氣の利いたワンピースです。

日本製、昭和初期の大きなリボンにベルト附きのワンピースです。

日本製、昭和初期の水玉のワンピースです。

日本製、大正末期～昭和初期のビーズドレスです。

日本製、大正末期の婦人用マントです。

日本製、昭和初期の薄手の上品なワンピースです。

日本製、昭和初期の縮緬で作られたワンピースです。ベルト部分が非對稱になつてゐます。

モダン洋装を探す（二）

當時の洋裝を探したり、實際に作ること以外に、モダンな洋裝を探すには、既製服の中から、ストレートラインなど、比較的モダンガールの雰圍氣に近いやうな洋服を探し出して、小物と合はせて着用する方法があります。これを行ふ爲には、お手本となるやうな當時の資料を澤山、頭に叩き込むつもりで、徹底的に見ることが重要です。それをしないと、どんな形が當時に近いのかが分らないからです。

想像ではなく、大正末期から昭和初期の寫眞や雜誌、映畫などから、好きな裝ひを素直に眞似てみることが祕訣です。但し、どんな状況でその服裝をしてゐるのかを調べてみることも重要です。寫眞であれば、どんな状況なのか、季節はいつか、晝《ひる》か夜か、何歳位の女性なのか、よく觀察をすることです。同時にメモを取つても良いでせう。

現代物から洋裝を探す場合は日本に限らず、國内外からそれらしく見えるやうなものを、何處からでも探し出すことです。素材はなるべく天然素材が身體にも好ましいですが、いかにも化纖といふ感じの品は避けませう。

昭和三（一九二八）年の雜誌『日本婦人』二月號には、「**日本のモダンガールが世界一**」

と記述があります。「ニューヨーク特電十二日發『日本は世界で一番美しいフラッパーの所有國である、また日本の藝者が日本で既に時代遲れの婦人となつたことも一奇である』と、日本から歸米したばかりの合同通信社長ビッケル氏の夫人はその感想を述べた、ビッケル夫人は日本訪問中よほど日本のいはゆるモボ、モガなるものに印象づけられたらしくパリ、ベルリン、モスクワ、東京の大都市におけるフラッパーを比較して日本のモボモガなるものに最も驚異の眼をみはつてゐる」とあります。

しかし、同じ雜誌にこの樣な記述もあります。

「モダンガールと云ふ言葉を流行させた、新聞を憎みたくなりますね――所謂モダンガールと云ふやうなものを、今の時代の副產物として、當然出て來るものだと思ひますけれど――洋服さへ着てゐればモダンガールとあびせかけるなんて……私はそんな事を云ふ男があると、つかつかと前へ行つて、胸ぐらをつかまへて――何がモダンガールだ、何を證《しやう》據《こ》にさう云ふ事を云ふ、交番へ行つて、その眞僞を正して貰はう、さあ來い――と云つてやると――私は云はないなんて泣き聲を出すのもあり、あやまるのもありヱヘラヱヘラと笑ふのもあります。とにかく私はさうやる事にきめてゐます」

モダンガールに關することは、裝ひに限らず、千差萬別です。

【資料を参考に製作された洋装を實際に着用した寫眞です。】

一九二〇年代の洋装を参考に製作された、鶯色のワンピースです。

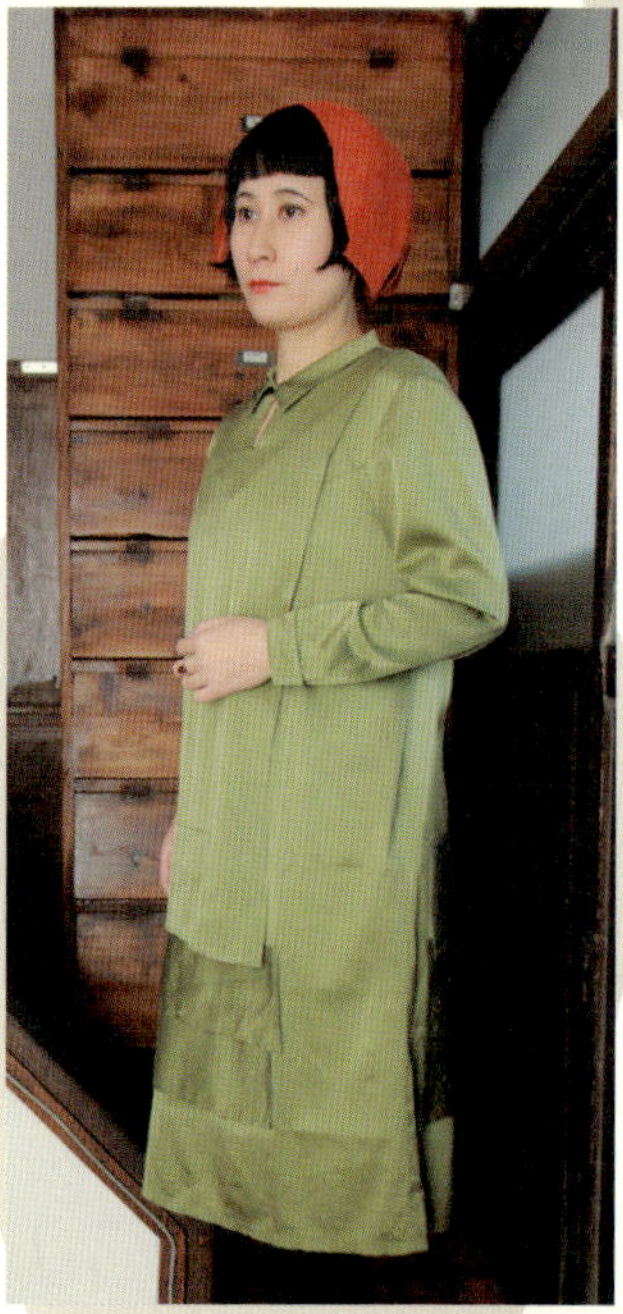

一九二〇年代の洋装を参考に製作された、緑色のワンピースです。

昭和初期の日本のワンピースを元にして、チェンマイ(タイ)の洋装店で仕立てたワンピースです。

同じやうに、チェンマイ(タイ)の洋装店で仕立てた夏のワンピースです。

チェンマイの仕立屋での寫眞です。

洋裁書を元に製作された海濱マントと、昭和初期當時のモダン海水着です。手に持つてゐるのは板子で、今でいふビート板です。

一九二〇年代の海外の洋装の形をそのまま参考にして、矢絣模様の布地を使用し、製作されたワンピースを着て山手線内で撮影した寫眞です。

大正十三年『家庭洋服画報』五月號（家庭洋服畫報社）、洋裁書の表紙です。

平成二十四年春と二十七年秋に、西荻窪（東京都）のアートギャラリー雑貨店「ニヒル牛2」（二十七年末閉店）にて、私の統括で、服飾作家達が大正末期から昭和十年代前半の資料を元に製作、販賣、及び展示をしました。その際に、昭和初期の洋裁書を参考に製作された、料理用衛生帽子とサロンエプロンです。寫眞モデルは、櫻田門暁子夫人です。

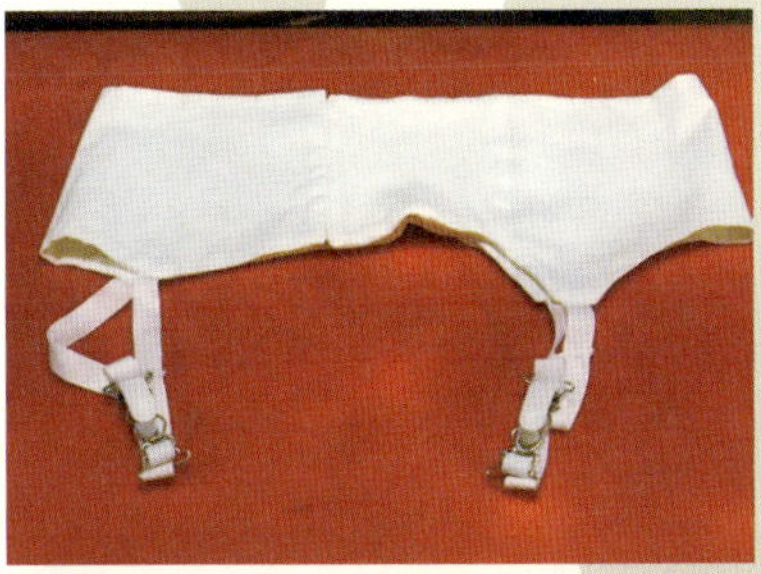

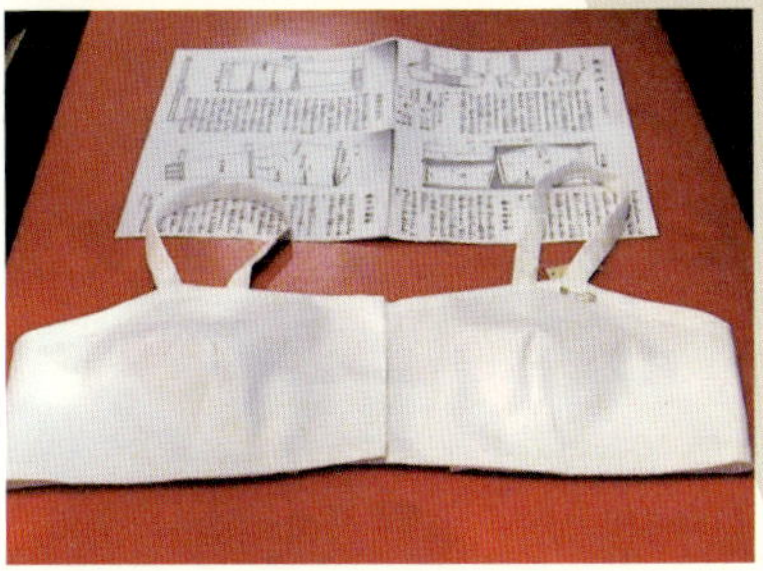

昭和十四年『レース編と夏の手藝品の作方』掲載の、女學生向きタッチングレースを元に製作された附け襟です。
〈左上〉洋裁書を元に製作された、靴下を吊る目的に使用するガーターです。
〈左下〉同じく、乳カバーです。

斷髪（ボブ）と帽子のこと

モダンガールに附き物の斷髪（ボブ）ですが、大正十（一九二一）年頃から世界の婦人界を通じて盛んな流行となりました。昭和五（一九三〇）年『日本家庭大百科事彙《じゐ》』（冨山房）によると、ボブは四種に大別されます。横も後ろも同じ位の長さが「ホリゾンタル」。襟足から二、三寸刈り上げ、横も後ろへゆくに從つて刈り上げたのが「シングル」です。お河童さんの形で前髪を切り下げるのが「ダッチカット」。横も後も殆ど男子と同じやうに刈り上げたものが「ボーイッシュ」で、更に別名として「ショートシングル」「イートンクロップ」等があります。

昭和三（一九二八）年の流行歌「當世銀座節」には、「イートン・斷髪《クロップ》うれしいね」と歌詞が出て來ます。昭和六年十一月十三日の「大阪朝日新聞」では、「**モガの一枚看板たる斷髪は下火になつたとはいへ實際の處依然として近代女性の趣好に投じてゐる**」といふ記事を讀みました。パリで開かれた國際理髪師大會では、「**斷髪でも子供のやうに短く刈り上げて後頭部から頸筋を露出したのは甚だしく非美術的だからさうした種類の斷髪には斷然反對しようといふことになつた**」と續いてゐました。

しかしわたくしはこの短く刈り上げた斷髪が好きで、横は耳にかゝつても後ろは刈り上げてゐます。剃刀《かみそり》を使用するのでいつも近所の床屋へ參ります。關東大震災後に建てられた大正末期頃の建物です。

最初に入店した際には、「今時の髪型は出來ません」と、斷られさうになりましたが、今の髪型にされたら困りますので、昭和初期の斷髪婦人の寫眞を持參して、この髪型にして欲しいと頼みましたら納得して頂けました。爾來、五年以上通つてゐます。

十年以上、天然椿油百パーセントの「大島椿」を使用し、側面は前に少し癖が附く樣にしてゐます。當時は椿油に香水を少量混ぜて使用した方も居たさうです。

香水といへば、ヘリオトロープの香水はモダンガールの時代にはよく取り上げられてゐました。房總の太海フラワーセンターで實物のヘリオトロープの花を見た時は、これが當時流行のヘリオトロープの香りかと感動して、何度も吸ひ込み過ぎて氣分が惡くなつてしまつたものでした。甘い獨特な香りなのです。他にも、香りといへば、「香り繪日傘」があります。この繪日傘は、ろくろの金具に練香水を含ませてある爲、絶えず快く匂ふさうです。

ボブにすると帽子が斷然似合ひます。特に釣鐘形で山が深いソフトなフェルトのクローシュは、モダンガールとしては缺《か》かせません。帽子にも色々な種類があり、コサージュ附き、造花や羽根をあしらつたもの、エジプシャンスタイル、ターバンスタイル、ボンネット風もありました。スポーツにはベレー帽が向くでせう。

【帽子、大島椿、香水についてです。】

（154）

流行の婦人子供帽子

婦人記者

帽子はその人の顔形と、姿との調和から、流行を取り入れなければをかしく見えます。コートもしくはドレスと同色のものが一番無難です。これは栗茶色フェルト製で、比較的後鍔を深くした點が、最近の流行です。前鍔はミシンの縫ひとり、共地の黒で飾つた、極く單純でスマートな型です。モデルは入江たか子さん。八圓八十錢。

顔の大きい人、頸の大きい人、脊の低い人には、鍔の廣い、大きい帽子は、帽子の方が勝つて見えて、釣合ひがとれませぬ。これは薄茶色フェルト地に、前に大きく同色のベルベットを切りはめ、薄紫のすみれの造花を帯やかにつけたものであります。派手な色の帽子を用ひるよりも、飾を華やかにして調子を取つた方が無難です。八圓くらゐ。

（155）

フェルトは、しなやかで、ぴつたりとかぶり心地がよいので、四季を通じて一般に愛用されてゐます。帽子は後からかぶつて前へ深く、目深にかぶらないとをかしく、阿彌陀のやうになつては見苦しいものです。これは眞紅色の一色に、銀線をあしらつた帯、それに寶石入りのオーナメントが、一層の美を添へたもので、夏川さんの愛用帽子です。

帽子は髪の結び方一つで、その形が美しくも醜くもなります。髪はなるべく平たく結ぶべきで、後頭部が突き出た形など、見苦しい上に、折角の型を壊してしまひます。これは黒のフェルト地で、前鍔なしの、リボンの切りはめ模様。そして、紅色フェルトの造花一輪をつけた極くモダンな帽子で、モデルは入江たか子さん。十圓くらゐ。

（156）

帽子は、かぶり方一つで洋装全體の姿を、美しくも醜くもいたします。髪の多い人は結び方を工夫して、幾分小さ目のをかぶる方がよろしい。これは青磁色のフェルト製、同色の羽毛の花飾、折り返しの前鍔で、細く黒の線を入れ、左右下り鍔の最新流行型です。八圓五十錢。

これは八九歳用女兒帽子です。鍔がゆるやかな波を打つた流行型で、ローズ色のフェルト製、同色の寄せひだの飾りボン附で、横顔の大變可愛く見える型です。三圓八十錢くらゐ。

子供さんの帽子は、如何にもあどけない形のものがよく、色も自由に、赤、紺、コバルト等の、華やかなものがお可愛く見えます。これは赤のフェルトに、同色リボンをつけ、チューリップの布製飾りの四五歳用の可愛らしい帽子です。二圓六十錢くらゐ。

（157）

今、全世界の流行と言はれる輕快なベレーバスクの帽子は最近内地製品を見るやうになりました。婦人、子供、男子にも廣く用ひられます。深くぴつたりと後にかぶると、すつきりとして見えます。コバルトのフェルト製。一圓五十錢くらゐ。

可愛い型でせう。お子さん方には誰方にもお似合ひの大黒帽です。これは黒紋ベルベットに、大きな白の飾玉をつけ、眞赤なリボンの縁とりです。寫眞のやうに片方に乗らしてかぶると一層可愛く見えます。二圓四十錢くらゐ。

赤フェルトとベルベットの、六つ接ぎの大變可愛らしい型です。子供帽は、あまり目深にかぶらぬ方がよく、リボンなども帽子の間から見えるのは愛らしいものです。鍔も赤ベルベットの同色リボン附。三圓十錢くらゐ。

昭和五年『主婦之友』新年附録「美容と作法の寫眞畫報」より、「流行の婦人子供帽子」です。

當時は高價な、瓶入りの「大島椿」です。
昭和二年、合資會社大島椿製油所（現在の大島椿株式会社）の創業時に發賣となりました。

本物のカワセミとヤマセミを使った
ヘッドドレス（東京大丸製）です。

ヘリオトロープの香水は、昭和初期に雑誌などでよく取り上げられました。房總の「太海フラワーセンター」で撮つた、ヘリオトロープの花です。

裝ひについて

帽子について取り上げましたが、一つ氣になることがあります。それは、「婦人が和服に帽子を被るとモダンガールである」といふ誤解です。子供ではなく婦人が、和服に帽子を被ることは、現代人が獨自のお洒落として樂しむ爲であれば自由です。しかし、當時から普通にあつたかのやうに傳聞されてゐる例を幾つも聞き、問題意識を持ちました。

和服用婦人帽の寫眞はありますが、それ自體が非常に珍しく、モダンガールや一般的なスタイルではあり得ません。もしも大正末期から昭和初期の一般的なスタイルであるのなら資料が澤山出て來る筈ですが、本當に稀です。但し、婦人が和服に洋髮や腕時計、手袋、ハンドバッグ、指輪を合はせることはあります。これらは非常に澤山の資料が存在します。男性の着物に帽子は、非常によくある裝ひです。

大正九（一九二〇）年發行の『日本及日本人春季增刊　百年後の日本』（日本及日本社）には、大正百九（二〇二〇）年を想像した「百年後の流行風俗」といふ繪が描かれて居ります。パラソルを持つて子犬らしき動物を連れた斷髮の女性が、變形した和服姿にミニ・ハットを被つてゐる繪です。當時いかに珍妙に映る姿であつたかが分ります。

帽子の次に氣を附けたいことが下着です。外出着と平常着がある様に、下着の着方もそれによつて分けられてゐました。洋装の姿を美しく見せるには下着がとても重要です。當時の洋装は、基本的には裏地がなく洋装に合はせて下着を揃へます。特にスリップは長さが合つてゐる物を選ぶことが重要です。また、資料を元に乳バンドを製作して頂きましたが（四一頁參照）、本當に着心地が良く、下着の重要性がよく分りました。今後は自作したいものです。

靴下は、シーム入りの薄い絹の長靴下を靴下吊り（ガーター、四一頁參照）で着用すると良いですが、手輕に樂しみたい方は、市販のストッキングでシーム入りは澤山賣られてゐますのでそれを活用すると良いでせう。

佛蘭西語の soulier（靴の意）から、スリヱとも呼ばれる特定の形の婦人靴が多く使用されました。紐結びやフォックやボタンで止める物もあります。現代の靴から探したい方は、ヒールが高過ぎず（ピンヒール不可）、先が尖つてゐない、ストラップやTストラップの革靴を選ぶと良いと思ひます。

【大正九年に想像された百年後の大正百九年の日本と、銀座松坂屋です。】

同誌より、大野静方筆、「百年後の流行風俗」の圖です。

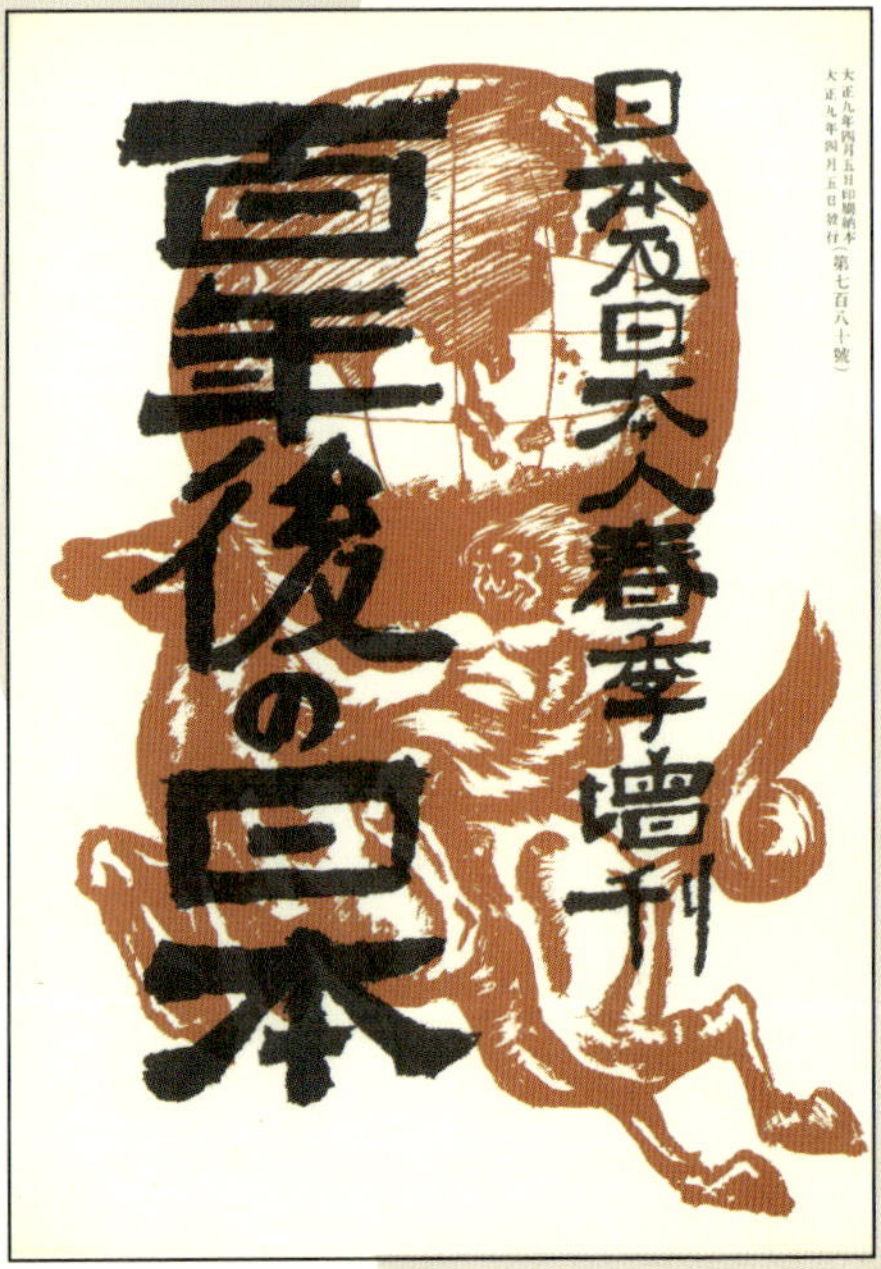

大正九年『日本及日本人春季増刊 百年後の日本』昭和五十四年復刻版（日本及日本社）の表紙です。

同誌より、大野静方筆、「極端な自然破壊　琵琶湖埋立　富士山切崩」の圖です。

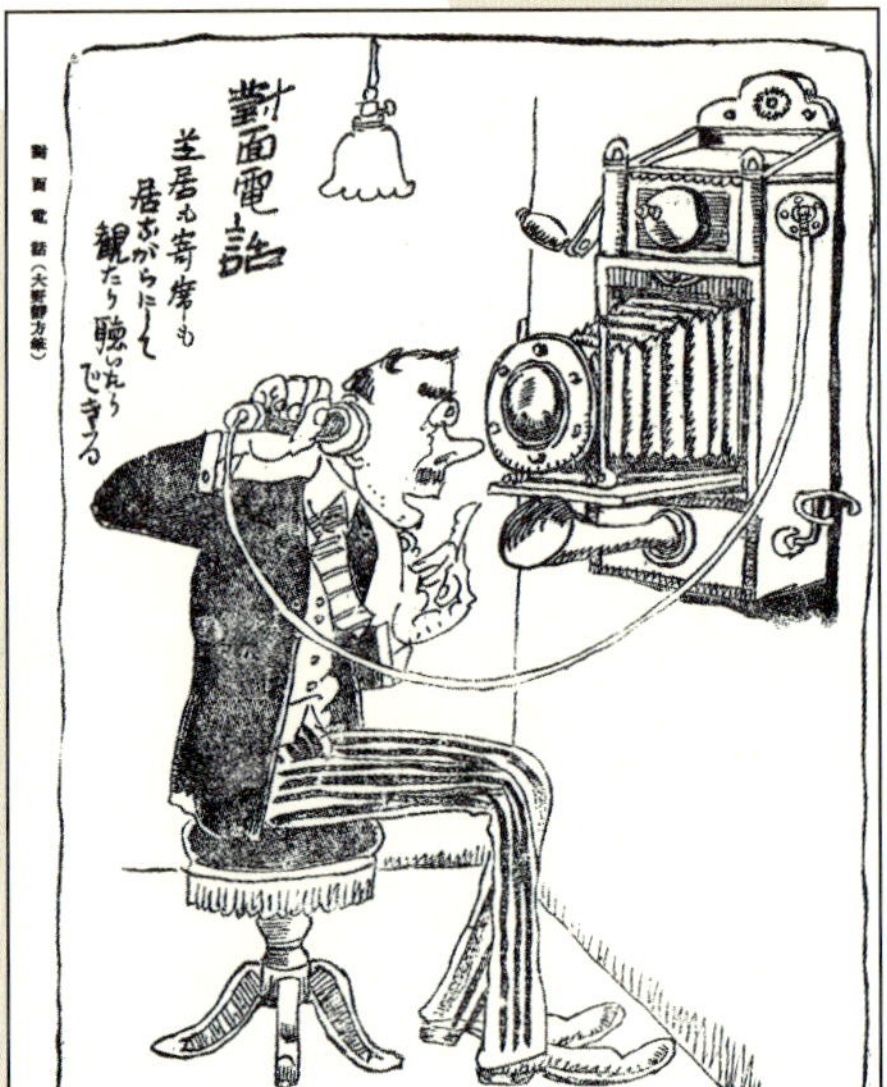

同誌より、大野静方筆、「對面電話　芝居も寄席も居ながらにして観たり聴いたりできる」の圖です。

昭和四年、銀座松坂屋の「百年後の風俗展覧會」です。
（寫眞提供　J.フロント リテイリング史料館）

昭和九年、銀座松坂屋の「四月の御案内」です。
（寫眞提供　J.フロント リテイリング史料館）

美容法「スピード化粧術」

モダンな女性達は、洋裝に合はせて、どの樣なお化粧をしてゐたのでせうか。次は洋裝に合ふ「スピード化粧術」についてのお話をしませう。

昭和七（一九三二）年『婦人公論』四月號附錄「モダン手ほどき」を參考にして、要點を紹介いたします。**「スピード萬能の時代に生れた現代婦人は、宜しく簡にして要を得たスピード化粧術を會得しなければなりません」**とあります。現代は尚更、スピード萬能の時代です。

この「スピード化粧術」は、慣れると四、五分で出來ます。「スピード化粧術」をする際は、マッサージや後ほど紹介する「お豆腐の美顏術」などで、日頃より皮膚を整へてから行ひませう。

「スピード化粧術」の前に、コールドクリームを顏中に塗つて、吸出し器（吸鐘）を使用して、顏に額から順に外側へ向けてクリームを吸はせます。そして、蒸しタオルを當てた後に水で絞つたタオルを當てゝ皮膚を緊張させます（コールドクリームは自作でも市販品でも良いです）。

では、「スピード化粧術」を始めませう。先づ、コールドクリームをやはり顏一面に塗つて、ガーゼで拭き取ります。

次に粉白粉《こなおしろい》を顔にたゝきます。ガーゼで眉、目のまはり、口の端等をそつと拭きます。初めは眉を作ります。手早く鉛筆《ペンシル》型の眉墨で眉を描きます（眉の描き方や眉墨の作り方は後述します）。眉墨の色は茶か黒《くろ》が多いです。アイシャドウは目と眉の間にぼかして塗ります。色はこちらも茶か黒です。現代の様に多彩な色のアイシャドウは用ゐません。

婦人雑誌ではアイシャドウは「モダンのみ」と書かれてゐる場合があります。これはアイシャドウは晝《ひる》ではなく、夜に出掛ける時にだけ附けませうといふことです。

頬紅は目のすぐ下から、頬骨の上邊りまで塗ります。唇は棒紅で、濃く附け過ぎたらガーゼで拭いて整へます。これで、出來上がりです。

昭和十年『家庭の友』（東京日日新聞社）によりますと、美顔術として、このやうに書かれています。手を石鹼で洗つた後に、コールドクリームを顔に附けて、一分間蒸しタオルで顔をつゝみます。これを三度位繰り返し、コールドクリームを再び附けてマッサージをして、乾いたガーゼで拭きます。さらに蒸しタオルを使ひ、次に冷水で搾つたタオルで拭き化粧水を附けるといふ方法です。

【美容についての彼是《あれこれ》です。】

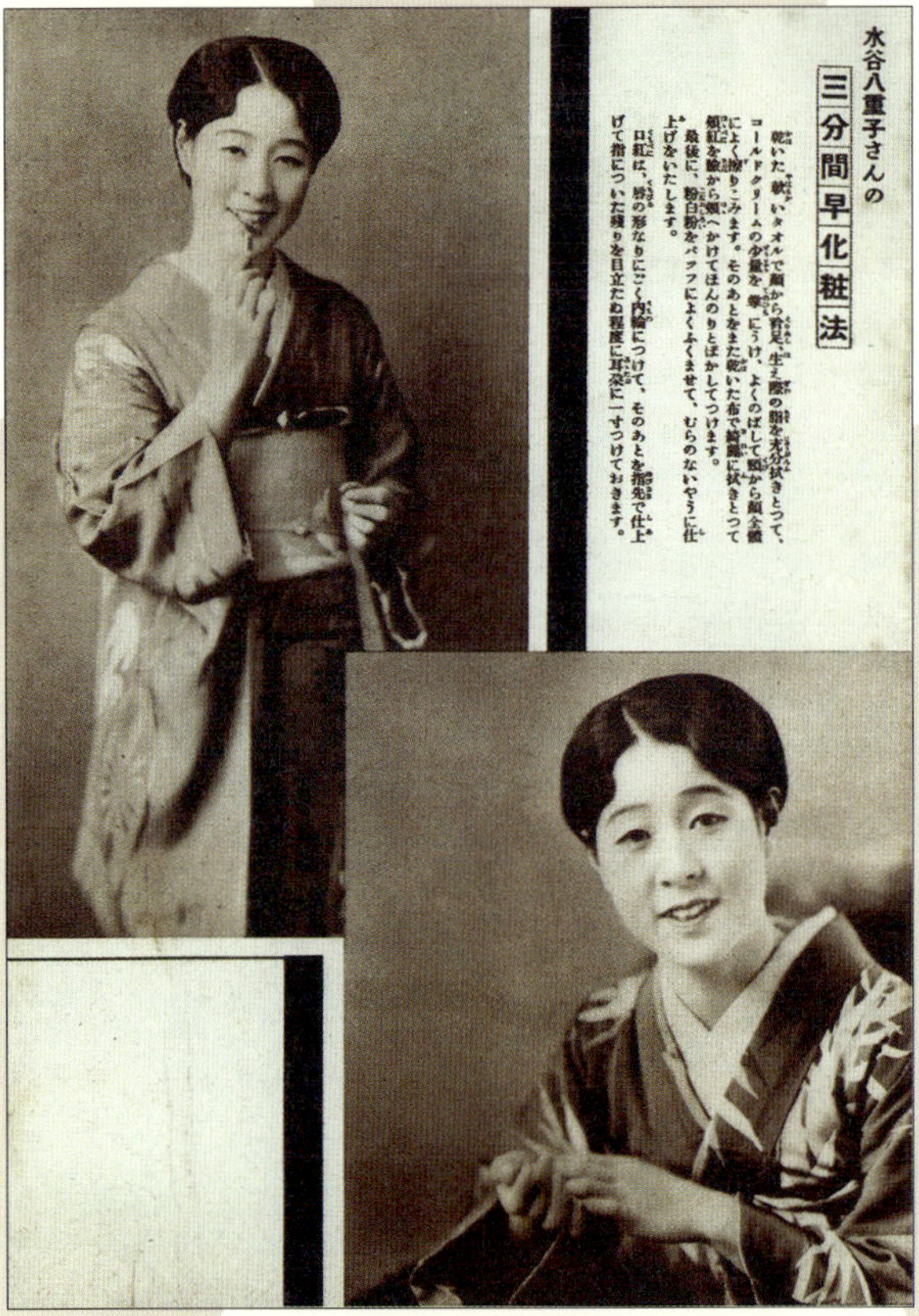

水谷八重子さんの

三分間早化粧法

乾いた軟いタオルで顔から首足、生え際の脂を充分拭きとつて、コールドクリームの少量を掌にうけ、よくのばして頸から顔全體によく擦りこみます。そのあとをまた乾いた布で綺麗に拭きとつて頬紅を瞼から頬へかけてほんのりとぼかしてつけます。

最後に、粉白粉をパフによくふくませて、むらのないやうに仕上げをいたします。

口紅は、唇の形なりにごく内輪につけて、そのあとを指先で仕上げて指についた殘りを目立たぬ程度に耳朶に一すつけておきます。

昭和七年『婦人倶樂部』十一月號附錄「新美容大集」より、「水谷八重子さんの三分間早化粧法」です。

お馴染の水谷八重子さんが春風に翻へす衣裳の模様は、今春の流行を代表するボリーゴ模様です。生地はリオネーズで、美しい京染めです。此の模様は、遠見にもよく、動いてゐる場合にも美しさを失はず、近代的服裝の要件に相應しいもので御座います。衣裳は松坂屋の調製。

昭和二年『婦人世界』四月特輯號(實業之日本社)より、斷髪の水谷八重子です。

昭和八年、實用新案出願広告第三八七號（願書番號昭和七年第一三六二六號）、登録名は「毛髪波付器」。商品名は「モダンウヱーヴ」で、髪用の器具です。

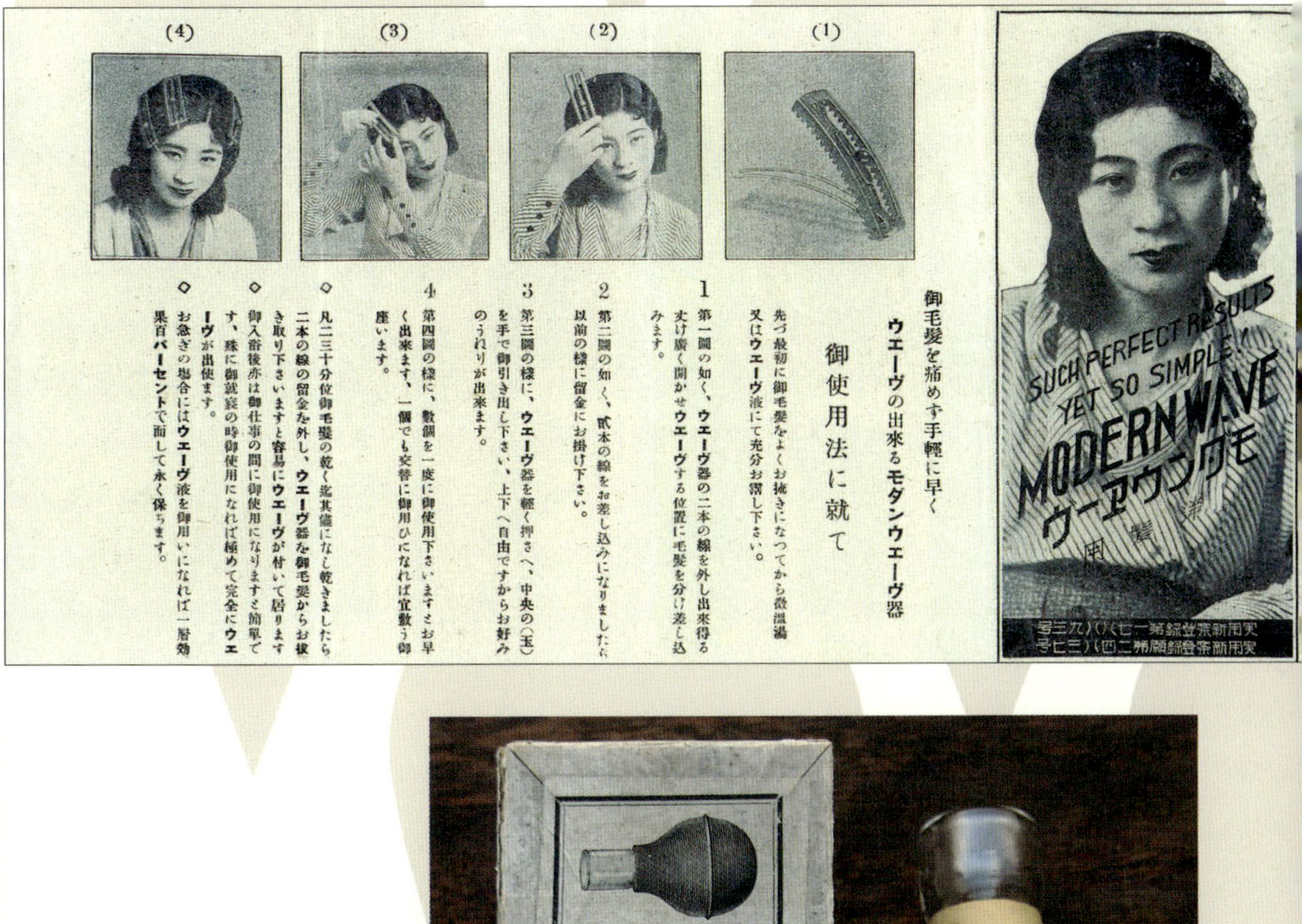

(4)　(3)　(2)　(1)

御毛髪を痛めず手輕に早く
ウエーヴの出來る**モダンウエーヴ**器

御使用法に就て

先づ最初に御毛髪をよくお梳きになつてから微温湯又は**ウエーヴ**液にて充分お濡し下さい。

1 第一圖の如く、**ウエーヴ**器の二本の線を外し出來得る丈け廣く開かせ**ウエーヴ**する位置に毛髪を分け差し込みます。

2 第二圖の如く、貳本の線をお差し込みになりましたら以前の様に留金にお掛け下さい。

3 第三圖の様に、**ウエーヴ**器を輕く押さへ、中央の（玉）を手で御引き出し下さい、上下へ自由ですからお好みのうねりが出來ます。

4 第四圖の様に、數個を一度に御使用下さいますとお早く出來ます、一個でも交替に御用ひになれば宜敷う御座います。

◇ 凡二三十分位御毛髪の乾く迄其儘になし乾きましたら二本の線の留金を外し、**ウエーヴ**器を御毛髪からお抜き取り下さいますと容易に**ウエーヴ**が付いて居ります

◇ 御入浴後亦は御仕事の間に御使用になりますと簡單です、殊に御就寝の時御使用になれば極めて完全に**ウエーヴ**が出來ます。

◇ お急ぎの場合には**ウエーヴ**液を御用いになれば一層效果百**パーセント**で而して永く保ちます。

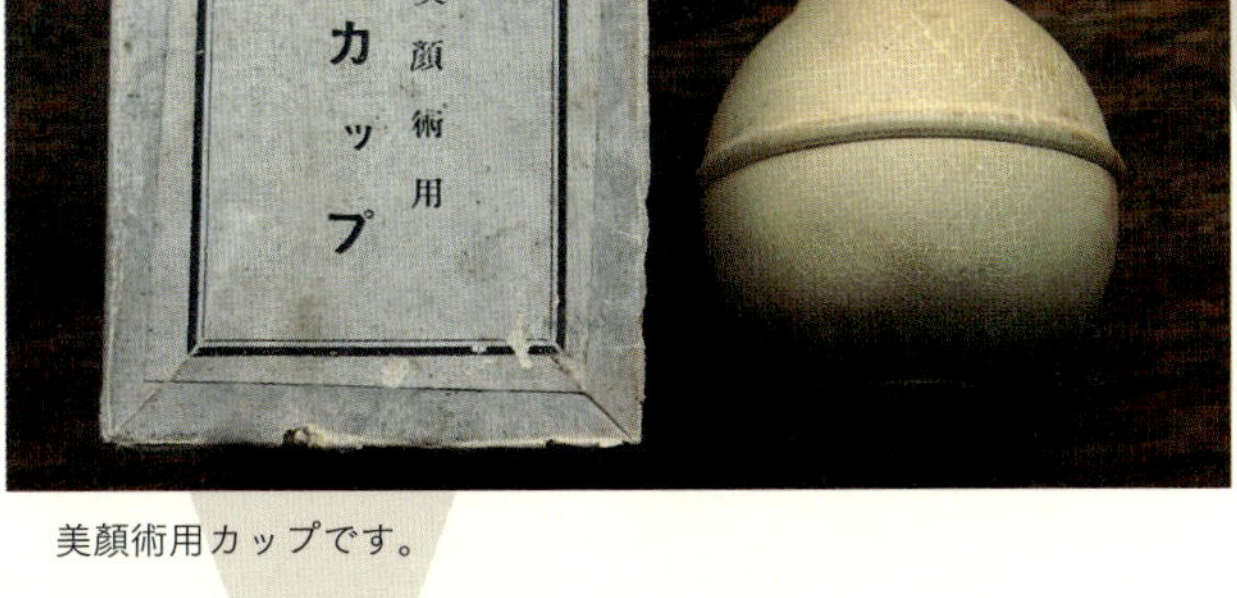

美顔術用カップです。

モダン化粧〜眉毛について

昭和九（一九三四）年『婦女界』新年號附録「和洋美容祕帖」によりますと、クリスマスイヴなどの夜會では、**「この時のお化粧は多少モダンでも結構だと思ひます。併し外國映畫に見るやうな際物式な流行化粧は、お嬢さんや奥さんの品位を傷つけますから、やはり落つきが大切です」**とあります。

眉の形について昭和九年『主婦之友』三月號附録「婦人美容寶典《ほうてん》」ではこの様に指南されてゐます。小さい眼は、細く優しく描きます。眉が太いと眼が小さく見えます。上がり眼の方は眉を尻下がりに、やはり優しく描きます。下がり眼の方は、眉をきりゝと上げ加減に描きます。眼が離れてゐる方は、眉頭をぐつと寄せて描きます。流行の眉として、眉尻が上がつたのは理智的で、下がつた眉は温和しい感じです。

クララ・ボウ、グレタ・ガルボ、マレーネ・デートリッヒら、女優の眉について言及されてゐる記事を當時の雑誌でよく見掛けますが、幾ら流行であつても、その眉をそのまゝ眞似てはいけないといふことが多く、ご自身の顔形との調和が大切であることがよく述べられてゐます。

以前にわたくしは、グレタ・ガルボの眉に憧れるあまり、眉を全部剃り落とし、暫くは眉用の鉛筆《ペンシル》で線を描いてゐたことがありました。しかし眉毛を全部剃つた後に何故か、事故や怪我が次々と起こるのです。因果關係は不明ですが、眉毛を全部剃つてしまふと自分の運勢が良くない方向へ變《かは》るのではないだらうかと思ひ、それ以降は毛抜きでひたすら形を整へて居ります。眉毛が戻つてからは、事故や怪我が續けて起こることはなくなりました。

眉毛は、剃刀よりも毛抜きで處理をしませう。目尻よりほんの少し長く描くことがきれいに見せるコツです。どんな眉の形が貴方のお顔に合ふのか、何度も試してみることが重要です。


昔のお化粧について書物で調べてゐると、結局はその方のお顔の個性を一番大切にして、お顔に合つたお化粧を薦めることが多いと感じます。眉の形も「これが今年の流行ですから、どんなお顔の方もこれと同じ眉にしませう」といふことはありません。以前に百貨店の化粧品賣り場で、眉を描いて貰ひましたが、「今年の眉はこの形が流行です」とわたくしの顔には全く關係なく描かれてゐました。果たして流行の眉を追ひ掛けて、その形が本當に似合ふのでせうか。

《眉毛についてと化粧具袋です。》

◇怖《こは》い眼《め》を優《やさ》しく見《み》せる法《はふ》

眼《め》のそばに紅《べに》をつけると、眼《め》がきつく見《み》えますから、むしろ白粉《おしろい》をうつすりとつけ、なほ、眉《まゆ》の形《かたち》もこく描《か》かぬやう、割合《わりあひ》に細《ほそ》めに長《なが》くつくると、きつい眼《め》も幾分《いくぶん》やさしく見《み》せることが出來《でき》ます。（渡邊はま子）

◇はれぼつたい眼《め》をすつきりと見《み》せる法《はふ》

上《うは》まぶたに白粉《おしろい》を濃《こ》くつけると、一層《そう》はれぼつたい眼《め》に見《み》えますから、あまり濃《こ》くつけぬやう、一度《ど》つけた白粉《おしろい》を、濡手拭《ぬれてぬぐひ》で輕《かる》くふきとるか、こゝだけ白粉《おしろい》をつけずにおき、後《あと》で白粉刷毛《おしろいはけ》を一度《ど》水《みづ》です丶いだもので輕《かろ》くなでる程度《ていど》にし、そのあとへ紅《べに》をさすと、すつきりとした美《うつく》しい眼《め》に見《み》せることが出來《でき》ます。（渡邊はま子）

昭和七年『婦人倶樂部』十一月號附録「新美容法大集」より、「怖い眼を優しく見せる法」「はれぼつたい眼をすつきりと見せる法」です。

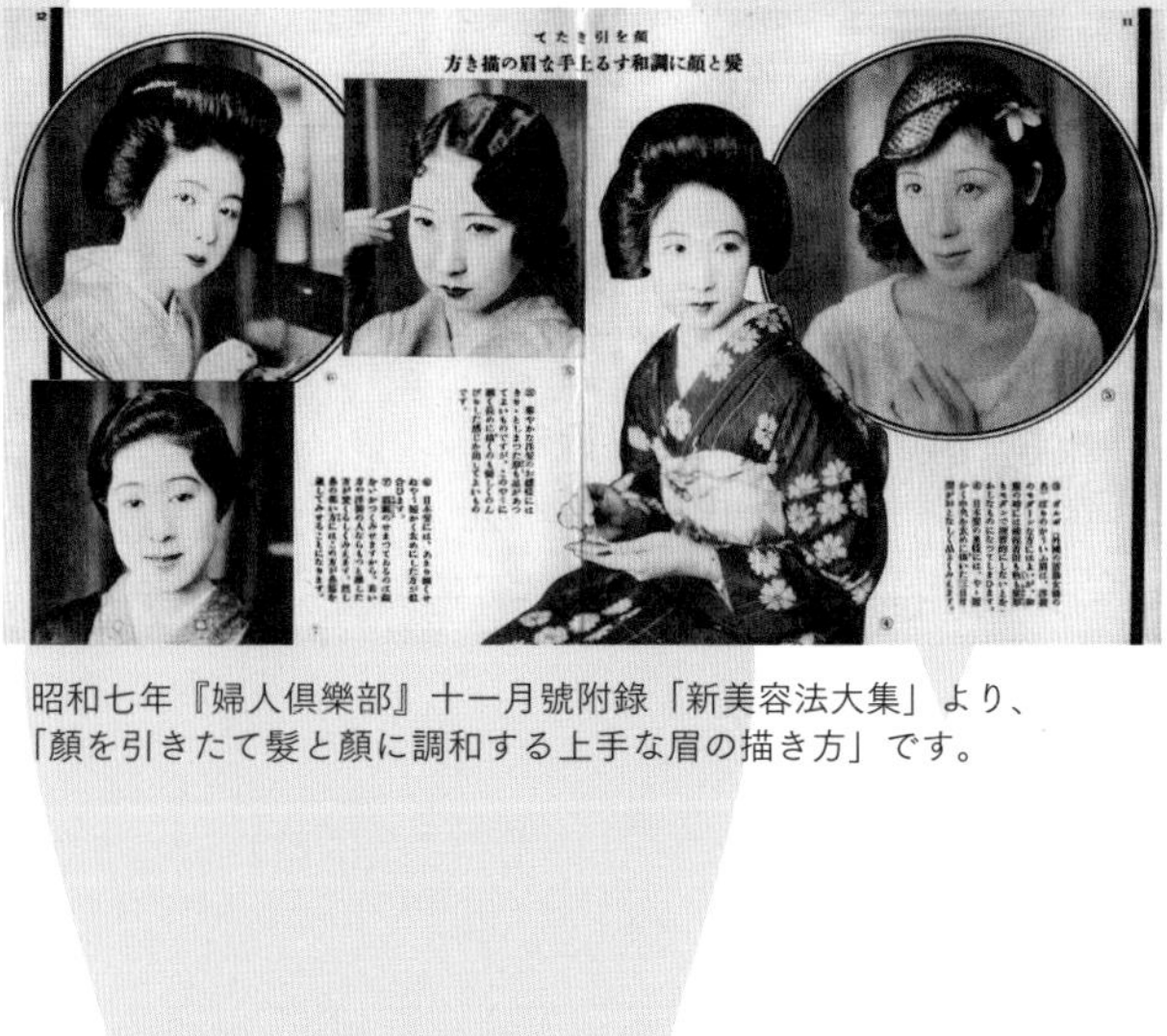

昭和七年『婦人倶樂部』十一月號附録「新美容法大集」より、「顔を引きたて髪と顔に調和する上手な眉の描き方」です。

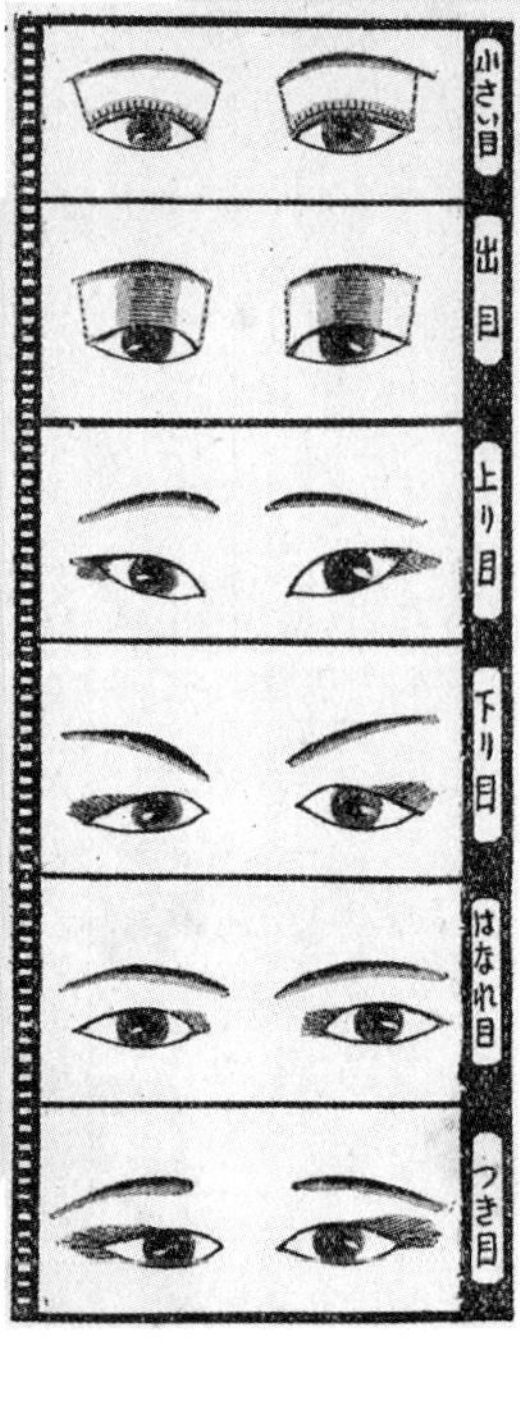

昭和九年『主婦之友』三月號附録『婦人美容寶典』より、目尻と眉毛の形に合ふ化粧についてです。

大正時代の化粧具袋です。
上部が袋状になつて居ります。

キルクで眉墨を作る

キルクとはコルクの昔の呼び名で、キルクを燃やして眉墨を作ることが、當時の婦人雜誌の附錄などで何度も紹介されてゐます。元々のキルクの色によつて、茶色、焦茶色、灰色、黑色など様々な種類の眉墨が作れます。お好きな色に混色することも出來ます。

作り方は、鐵串《てつぐし》や火箸などを用ゐて、臺所《だいどころ》の瓦斯《ガス》臺で小さなキルクを炙《あぶ》つて燃やします。ワインの栓に使用されたキルクを洗つて乾かし必要な分だけ燃やすか、小さな容器の蓋として賣られてゐるキルクを使用しても良いでせう。燃えてから眞黑になつたキルクを摺り鉢で粉状になるまでよく摺つてください。一度に大量に出來ますので、瓶に移してから使用する分を小皿に入れます。

當時の雜誌には、燒《や》いて粉状になつたキルクを、胡麻油で少量溶いて使用すると描きやすいと記されてゐます。胡麻油は香りが強いので、他の油でも好きな物をお試しください。細筆で眉毛を描きませう。

キルク以外にも、卵の黄身だけを筆で白紙に塗り、風通しの良い處でよく乾燥させてから、それを火で炙ると煤が出ますので、火の上で逆さにした平皿でその煤を受け止めて、それを取つて筆で眉を描く方法もあります。キルクの眉墨に比べると、煤の方がやゝ水に強く〝ウォータープルーフ〟ではないかと驚きました。

最後に、昭和二（一九二七）年『婦女界』十月號より、「化粧の心得七則」を取り上げます。

一、土台が大切、先づ生地を清くせよ。
二、病苦と精神苦とは美貌の二大敵。
三、化粧の仕方を見れば人格がわかる。
四、娘の化粧と奥様のとは差別がある。
五、奥様の化粧は早く出來る程が上品。
六、目立たぬ化粧が化粧の妙諦。
七、自分の化粧の要所を知つておけ。

《キルクで眉墨を作る方法です。》

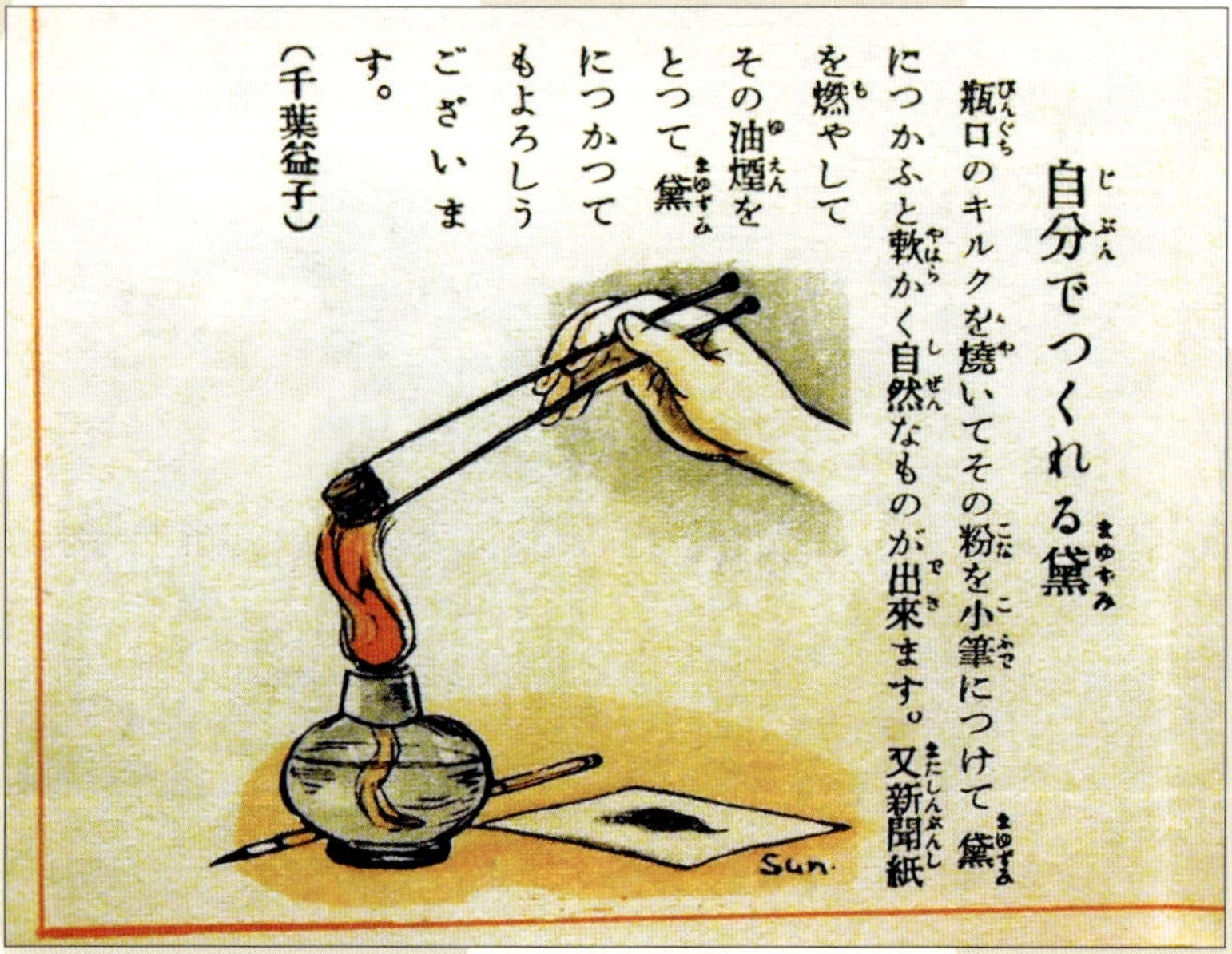

瓶口《びんぐち》のキルクを燒《や》いてその粉《こな》を小筆《こふで》につけて黛《まゆずみ》
につかふと軟《やはら》かく自然《しぜん》なものが出來《でき》ます。又新聞紙《またしんぶんし》
を燃《も》やして
その油煙《ゆえん》を
とつて黛《まゆずみ》
につかつて
もよろしう
ございま
す。
（千葉益子）

昭和六年『婦人倶樂部』第三號附録「化粧髪着附画帖」より、
「自分でつくれる黛」です。

キルクで作つた眉墨です。

一、黄身を溶かしてゐます。

二、筆で白紙に黄身を塗ります。

三、白紙に塗つた黄身をよく乾燥させます。

四、黄身を塗つた紙を炙つて煤をお皿で受けます。

五、皿に附いた煤を眉墨にします。

美容法「モダン化粧の美顔術」

お化粧映えを良くする爲には、日頃から皮膚を整へなければなりません。お化粧前には、顔面へのマッサージをよく行ひます。昭和九（一九三四）年『和洋美容祕帖』に、手輕で大變効果がある美顔術として、「お豆腐の美顔術」（田中雅子）が紹介されてゐます。作り方は、以下の通りです。

先づお豆腐を木綿の布《きれ》に包み、搾つて水氣を去り、スリバチに入れて粘り氣が出て來るまでよく磨《す》ります。なるべくクリーム狀になるまでよく磨るのです。さて、このクリーム狀の豆腐の中に硼酸末《ほうさんまつ》とグリセリンを入れます。その入れ方は最初、先づ硼酸末を入れて、よく磨りながら混ぜ合はせ、次にグリセリンを入れて、またよく磨りながら混ぜ合はせれば出來上ります。

分量はお豆腐一丁に對して、硼酸末約三瓦《グラム》（目分量でコーヒー匙に一パイくらゐとなります）グリセリンは五瓦位でよろしいのです。冬ならば一週間位、夏ならば二日位保たせるためのつくり方で、硼酸末は皮腐《ママ》のためにもよいのですが、一つには、防腐の目的もあつて混入するのです。グリセリンは全然、防腐の役はしませんが、皮腐《ママ》を透明にする働きがありますので混ぜるのです。磨り上げて直ぐお使ひになるのでしたら、硼酸末もグリセリンも使はず、お豆腐そのものだけで、十分です。

少量だけ作る様にして、一回で使ひ切れば硼酸末はなくても構はないとわたくしは思ひます。

この豆腐クリームは美顔術用としても、コールドクリームとしても使用出來ます。豆腐クリームでお顔のマッサージをする前には、蒸しタオルでお顔を蒸してください。途中でクリームが乾いたら、微温湯《ぬるまゆ》を足して、クリームを弛めます。マッサージが終つたら、グリセリンを水で倍に薄めたものを塗つておくと、美顔が出來ます。身近な材料で出來る爲、わたくしも時々試して居ります。翌日まで肌がしつとりとして、お薦め出來ます。

作る際には、食品添加物が餘り使用されてゐないお豆腐を選びませう。今までに幾つかのお豆腐で試しましたが、食品添加物が餘り使用されてゐないお豆腐の方が、ずつと効果があります。

《吸入器とベルツ水についてです。》

實際にわたくしが使用してゐる、
大正十一年製の
「大川式吸入器」です。

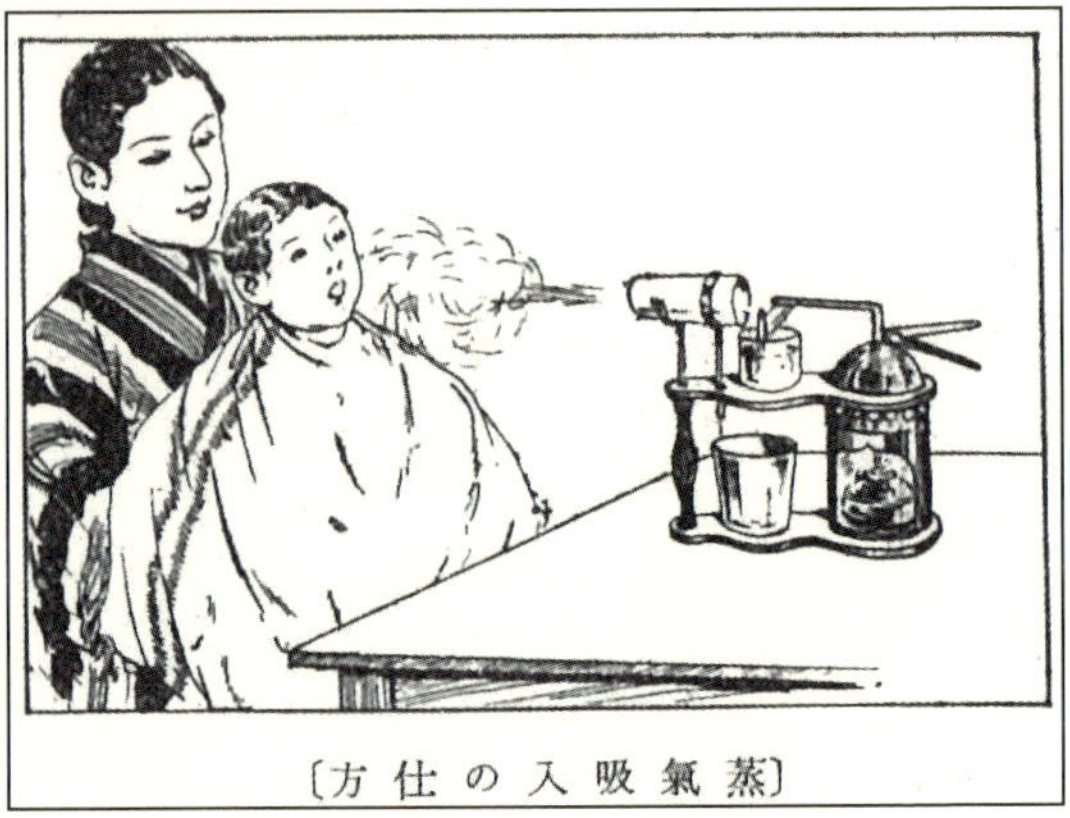

吸入器についての圖です。
このやうに液體の薬を氣化して吸ひ込むことが本來の用途ですが、美顔用に使はれることもありました。

今もベルツ水が販賣されてゐる、
東日本橋の玉置薬局本店です。
昭和四年竣工の建物です。

陳列棚に並んでゐるベルツ水は、
ひゞやあかぎれ等に効きます。
明治時代にベルツ博士が考案しました。

第三章 モダン文化の彼《あれ》是《これ》

寫眞術 ～ポーズについて

モダンな裝ひで、立ち姿の肖像寫眞を撮つてみませう。古い寫眞機が好きな方は、フヰルムを使用して撮ることも良いですが、デヂタルカメラの機種によつては、古いレンズを取り附けることも可能ですから、敢へてその様に撮影をしても良いと思ひます。寫眞機で何度でもポーズの練習をしてみませう。

室内でも野外でも、お好きな場所を選びますが、折角なので當時の雰圍氣に倣つてポーズを決めませう。ここでは當時の寫眞を參考にして、獨自の提案をいたします。

眼の高さよりも少し下から撮ります。モダンな裝ひが左右對稱《たいしやう》ではない様に、モダンな寫眞撮影では、必ず左右が非對稱になる様に動きを附けて撮影いたします。立つ時は、背筋を伸ばして、決して猫背にならない様にします。足は眞直ぐに揃へず、どちらかの足を一歩下げるか、斜めにしませう。片方の靴のヒールが少し見える様な感じです。足は畫面から切らず、踵まで入れます。身體を少し捻《ねじ》つて、身體全體がS字になる様にします。片手の親指を前にして腰に當てゝみませう。片方の手は横に添へるか動きを附けます。顎は引き、小指の一本まで少し動きを附けて、カメラ目線ではなく少し目線をずらして遠くを見てゐる様にいたします。

手袋は着用しても片手に揃へて持つても構ひませんが、片手に持つ時は小さなハンドバッグを小脇に抱へると良いでせう。大きな鞄は用ゐません。

止まつてゐるのですが、身體に動きがあります。眞直ぐに足を揃へて左右對稱になつてはいけません。モダンな寫眞には靜止してゐても、必ず動きがあります。

立ち姿の肖像寫眞でこれといふ見本を探し出して、何度でも撮影を行つてください。スナップ撮影の際には、あくまで自然な様子で撮影されることが重要ですが、昔の肖像寫眞風に仕上げる際は、お手本になる當時の寫眞を用意して、現代人が當時の人になりきることが肝心です。假設寫眞館を作り、何度か撮影會を行ひましたが、モダンな裝ひでの撮影は、はづかしがらずに、眞劍に撮つて貰ふことが上手く撮れるコツだと思ひます。

どんな時も背筋を伸ばして堂々と撮影に臨みませう。

≪なりきり寫眞を撮りませう。≫

淺草での寫眞です。遠くを見てポーズを決めました。

小金井公園江戸東京たてもの園（東京都）の寫眞館で、「モボ・モガファッションなりきり撮影會」を開催した際の寫眞です。

平成二十七年春、東京家政大学博物館にて開催された「昭和のくらし」展にて、わたくしの洋装寫眞が顔はめ看板に使用されました。顔はめ看板の洋装は、一九二〇年代の歐米の洋装を元に、わたくしが着てゐる洋装は日本の昭和初期の洋装を元に、どちらもチェンマイの仕立屋で作つた洋装です（四十頁と同じく）。

昭和四年築の上野下アパート前で、やはり昭和四年製の愛車「ナイチンゲール號」で撮影しました。

大正末期に建築された西洋館である「いちかわ西洋館倶楽部」（千葉縣）にて、ポータブル（持ち運びの出來る蓄音器）でレコードを掛けました。

寫眞術 〜お化粧について

女性二人で、わざと似てゐるモダンな裝ひを用意して撮影することも樂しいです。二人並んで撮影をする時も同じ動きにはならない樣に注意しませう。

室内で撮影をする際も、背筋を伸ばして顎を引き、やはり身體が左右對稱《たいしやう》にならない樣にポーズをとります。例へば椅子に座つてゐる時は足を斜めにして揃へます。肘掛椅子であれば、片方の手は机に置いても良いでせう。足を組むことは餘り好ましい姿勢とは言へませんが、不良娘やフラッパー風のイメージを作れるでせう。但し、どんな時でも猫背は駄目です。

寫眞撮影のお化粧では、アイシャドウは基本的に附けず、眉毛は太くならない樣にややはつきり線を描きます。

昭和十二（一九三七）年發行の『アサヒカメラ臨時増刊　人物寫眞術』によると、「唇で、上唇の出た人や上唇の厚い人を美しく撮るには、上唇には下唇より濃い色の口紅を塗

るのである」とあります。そして下唇の出た人はこれと反對にすれば良いのです。

上唇と下唇の色を微妙に變へるといふ撮影法は、黒白寫眞（モノクローム）で參考になる記述です。撮影を重ねながらどの様にしたらお顔が尤も映えて寫るのか、試行錯誤が必要です。どの位の色が良いか、良いと思ふ感じが出るまで何度か試してみてください。

寫眞術について取り上げて參りましたが、やはり一番參考になるのは當時の寫眞を徹底的に眞似してみることです。理想形が明確にあれば、段々其《そ》れに近附く筈です。

屋外での撮影は背景が重要で、古い建築の前で寫眞を撮れば、モダンな裝ひがより映えることでせう。南洋植物の前で、自然の中でなど、色々と設定を考へることが樂しいものです。

そこで、思ひ切つてモダンな裝ひで旅に出て、日本各地に殘る近代建築や古い路地、當時から殘る旅館やホテルへ實際に泊まつて、現地で寫眞を撮りませう。旅こそ、全てが實踐です。古い旅館を探して泊まり歩いてゐると、時々珍妙な出來事も起こります。

次の項で、これ迄に泊まつた旅館での話を幾つか紹介します。

《寫眞の撮られ方と當時の着こなしを見ませう。》

歐米のモダンな裝ひの女性達です。

お揃ひの洋裝女性二人の寫眞です。

帽子、ドレス共に美しいスタイルです。

寫眞館で撮影された女性、夏帽子にモダンな夏の裝ひです。昭和十年の撮影です。

同誌十二月號より、「巴里の冬」の装ひについてです。

大正十三年『婦人グラフ』十月號(國際情報社)より、「この秋の流行服」についてです。

昭和十二年『アサヒカメラ臨時増刊　人物寫眞術』(東京朝日新聞社)の表紙です。

旅館へ行きませう

或る日、滅多に人を泊めないといふ古い旅館へ電話をしたら、宿泊前にどんな人が泊まるのかを知りたいので、一度顔を出して欲しいと言はれたことがあります。普通にはあり得ない話ですが、近場だつたことや好奇心もあつて、その旅館へ、面接を受けるやうな心持ちで話を聞きに行くことにしました。お婆さんが一人で切り盛りする旅館でした。そして面接に合格したのか、宿泊の許可が出て次に出掛けた時には無事に一泊出來ました。

ある旅館では、電話がなか〳〵繋がらず、繋がると必ず滿室だと言はれます。いつなら泊まることが出來ますかと尋ねると、來月も一杯だと言ひます。近場なので直接、數回《すうかい》は足を運んでみましたが、玄關に薄暗い燈りが點《とも》つてゐるのに、呼んでも誰も出て來ません。豫約が一杯だと言はれた日に出掛けると、薄暗い燈りの下で人氣もなく、スリッパが三つだけ寂しく並んでゐて、靴は無く不氣味な雰圍氣を醸し出してゐました。遂にその旅館は、電話をしても繋がらなくなりましたので、泊まることは諦めました。

別の旅館では、創業六十六年だといふ情報を見て餘り期待せずに出掛けたのですが、建物自體が旅館の創業よりも實はずつと古く、昭和初期の下宿の雰圍氣を色濃く殘してゐたことが到着してから分り、嬉しく思ひました。

行き當りばつたりの旅に出て、明治に建造された宿を偶然見附けて泊まることが出來たことも嬉しい想ひ出です。

海の近くの民宿では、インターネットの寫眞を見て昭和初期の建物に間違ひないと思つて出掛けた處、やはり當時の別莊であつたことが現地で分りました。建てられた時代については、インターネットには一切出てゐませんでした。

古い旅館では、内裝や設備がどの位、殘つてゐるかを見ることが面白く、どこを新しくしてゐるのかを考へます。宿の方から建物の歴史を聞き、建物内を一周することが多いです。古い旅館ではその建物について尋ねると、叮嚀《ていねい》に教へて頂けることが多く、必ず得るものがあります。

老舗《しにせ》旅館では、從業員が一齊に掛け聲を出しながら窓硝子を拭き始めました。毎日行はれてゐる光景なのでせうが、波打つ古い硝子を少しづつ叮嚀に磨き上げてゐる光景は素的に思ひます。

【わたくしが實際に滞在したお薦めの旅館です。】

山里会席料理旅館 河鹿園
（東京都青梅市）。
料理がとても印象に殘りました。

大宗旅館（東京都中央區）。
築地に殘る、元は民家の旅館です。

竹家荘旅館（兵庫縣尼崎市）。
昭和初期の元下宿の雰圍氣が殘つてゐます。

日乃出旅館（神奈川縣小田原市）。
明治時代に建てられた建物です。
〈左〉同旅館の洗面所です。

さつき旅館(岐阜縣恵那市明智町 日本大正村)。
明治時代に建てられた建物で、中庭が素敵です。

連月荘(神奈川縣熱海市)。
渡り廊下に風情があります。

料理旅館 熊野荘(和歌山縣新宮市)
入口です。階段に趣きがあります。

民宿はやし(千葉縣鴨川市)。
内房線の太海驛から近い、
昭和初期の雰圍氣が殘る、元別荘です。

旅館花屋(京都市下京区佛光寺通西洞院)。
築約百年の旅館です。

旅館松の家(千葉縣勝浦市)。
唐破風《からはふ》が見事です。

モダン語講座

さて、當時のモダンな言葉を覺へて實際に使用してみませう。

昭和七（一九三二）年『婦人公論』四月號附錄「モダン手ほどき」には、この樣に書かれてゐます。

「斷然」とか「モチ」とか、或ひは「チヤツカリ」とかいふ風の新造語を矢鱈に使ふことがモダンである、といふやうに解してゐる人があるやうですが、斷髮をしたからとて直ちにモダンガールではなかるべきやうに、それらの流行新語ひけらかしの法なぞは、凡《およ》そ笑ふに堪えたところであつて、しかもその法はともすると、隨分愚かな、或ひは赤面すべき滑稽を演じてしまつたりする危險があります。

このやうな批判もあるのですが、折角ですから、會話の中で「モチ」「斷然」「チヤツカリ」などを使つてみませう。「モチ」はモチ論の略語です。同意する時には「モチよ」と言ひます。「もちゼロ」（昭和七年『社會ユーモア・モダン語辭典』）は、「勿論駄目」の意味です。他には、信號機を「ゴー・ストップ」、定期券を「パス」と呼びます。「ウルトラ」は、超、または極端といふ意味で、「ウルトラモダン」などと使ひます。「ウルトラモダン」は、超近代的、またはモダンの中のモダンといふことです。好きな人は「スーちゃん」。「てっかん（鐵管）ビール」は、水道の水のことです。「ア・ラ・モード」は、最尖端を行ふ流行のこと、つまり最新流行型。「モマ」はモダン・マダムです。

昭和十二（一九三七）年『机上辭典入り　モダン百科事典』（日本辭書出版社）から色々な動詞を紹介します。

「モダる〔流〕モダーン（modern）を日本語の動詞化したもの。モダーンになる、近代化する、新しがるの意」「ヱスる〔流〕ヒステリーを動詞化して用ひた言葉」「ジャずる〔流〕ジズのやうに騒々しく喋ること。又は生活すること」「タクる〔流〕タクシーに乗るの意」「はいくる〔俗〕俳句を作る事」「ニヒる〔俗〕ニヒリズムを動詞化したもので、ひねくれる、何もかも否定するの意」「バーバる〔流〕めちやくちやに頑張ること。又は蠻《バン》カラぶる事。バーバリズムから來た言葉」「トロッてる〔流〕ふらりふらりとうろつく事。語源はダンスのフオックス・トロットである」「デコる〔俗〕英語のデコレーション（decoration）〔裝飾〕から來た語。顔や身なりを飾り立てること」（全て原文ママ）。

【雑誌に紹介された色々な時間や場面での装ひです。】

昭和五年『主婦之友』新年附録、『美容と作法の寫眞畫報』表紙です。

(5)
イヴニングドレス
(モデル……夏川靜江さん)

上半身はぴつたりと身體につけ、腰からゆるやかに開いた裾、ピンクのレースが足の運びにつれて、ちら〱と動きます。布地は水色のタフタ、飾は同色のリボン、同色の花模様の刺繍、胸もレースで飾り、鳥毛の薄紅の花を、ふさふさと肩から垂らしました。かうした場合、手も美しく化粧します。靴は長目のが最近の流行であります。華やかなシャンデリアの光に、銀の靴先の音が、聞えさうです。價八十圓くらゐ。

(130)

(6)
イヴニングコート
(モデル……夏川靜江さん)

イヴニングコートは、夜會服の上にのみ召すコートで、夜會や觀劇の行き歸りの途中、またはダンスの後とか、廊下やヴェランダ等を歩くときに、ちよつと着るコートで、ドレスにもまさる華やかな美しいものです。前を持ち上げるやうに合せて歩きます。これはグリーンにギリシャ模様を大きくあらはしたシルバークロースのコートで、カラーとカフスに仔羊の柔かい毛をつけたもの。夏はジョーゼット等で作ります。價百四十圓くらゐ。

(131)

同書より、イヴニングドレス、イヴニングコートです。

アフタヌーンドレス、
オーヴァーコートです。

アフタヌーンドレス、
オーヴァーコートです。

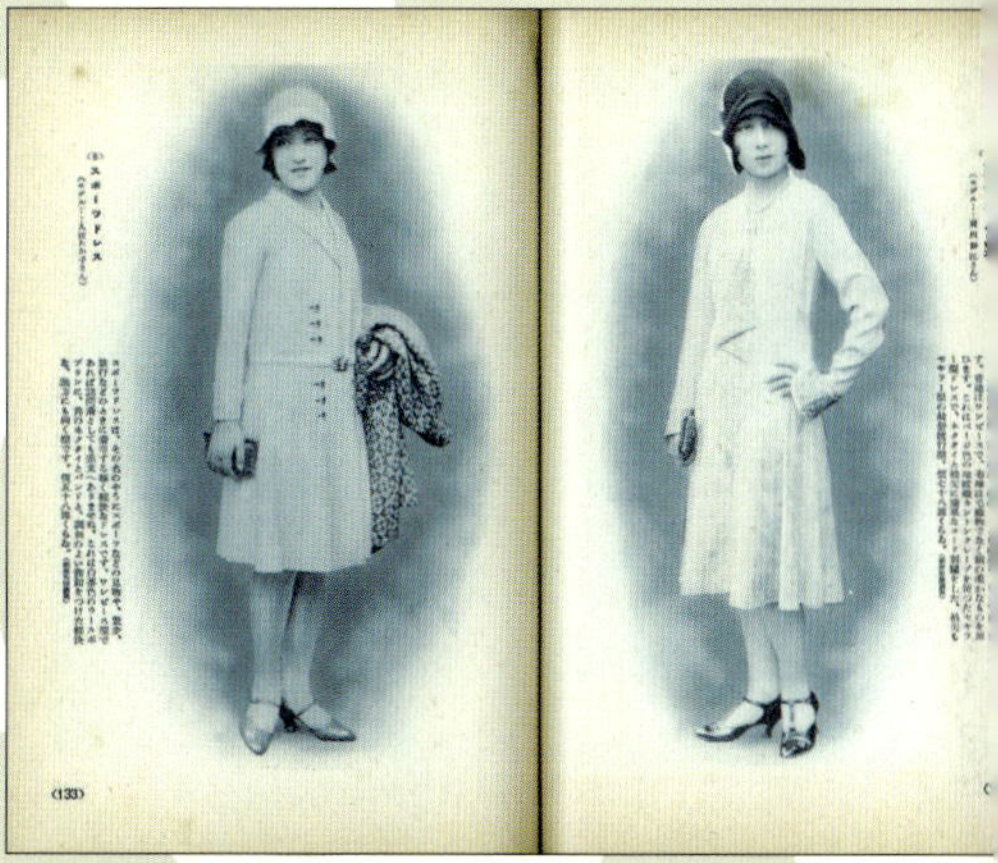

アフタヌーンドレス、スポーツドレスです。

スポーツドレス、オーヴァーコートです。

様々なガール

ここでは『机上辭典入り　モダン百科事典』より、様々なガールを拔粹して紹介します。

「イット・ガール」はイットとガールを合はせて作つた言葉で、性的魅力のつよき娘。「おぺちょこガール」は十五、六歳から十七、八歳までの、おませで、生意氣で、新しがりで、蓮つ葉な少女。「カルピスガール」は戀愛期に達した娘。カルピスの宣傳廣告の「初戀の味がする」から轉じて、甘つたるい戀愛の意。「フレッシュ・ガール」は、活溌で見るからに健康さうな娘。「かぶき・ガール」は歌舞伎俳優のやうに黒々した眉墨を附けたり、眞白な白粉、眞紅の頬紅を附けて濃厚な化粧をしてゐる娘。「センチガール」は感傷主義に捉はれてゐる女、安つぽく涙を流す女。「ショップ・ガール」は女店員。「ファクトリーガール」は女工さん。「ガソリン・ガール」（ガソリン孃）は自動車にガソリンを販賣するため、ガソリン・スタンドに立つてゐる女。「キッス・ガール」は職業的にキッスをさせる女（キッスで金錢を要求します）。「ステッキ・ガール」（スガ）はステツキの代りになるガールといふ意味から散歩用の娘のこと。

意味深長な言葉もありますが、ガールはいつまでも現役です。

昭和十一（一九三六）年發行、片岡鐵兵《かたをかてつぺい》の小説『朱と緑』ではこんな會話が繰り廣げられてゐます。


「駄目ぢやないの。それ、あんたのNGよ」

「ヱヌ・ジーつて何です」

「あらヱヌ・ジーを知らないの？　ノオ・グッドよ。オーケイの反對ぢやないの？」


この様にモダンな言葉が使用される時に、登場人物がその意味を尋ねる場面がよく見られます。モダン語は、辭典だけではなく婦人雜誌の附錄としても登場します。「でもくらしい丶主義」がデモクラシーをもぢつた俗語であつたり、「ぜにとるマン」が慾張つた人間で、ゼントルマン（紳士）のもぢり言葉であつたりと、駄洒落も多いです。

モダンガールも『モダン新語辭典』の中では、「毛斷ガール」「毛斷蛙」「猛斷ガール」「もう旦那がアール」など、様々です。

モダン語に限らず、當時の人になつた氣分で、言葉を使用してみることは面白いものです。考へてみれば、言葉が尤も早く實踐出來る方法です。

【雑誌に掲載された様々なガールです。】

東亞「混線行進曲」
戀人に叛かれ發明に失敗した「發明家」松崎幸男君が死を覺悟する、と幸ひ月の前に「人殺し稼業」の長兵衛君が出現する、早速お願ひするとそのトタンに發明が成功しちまつた——さあこれからどうなる。
【寫眞】保瀬薫の長兵衛君と千種百合子の满子

松竹「ステッキガール」
男性の散歩のステッキ代りに雇はれるといふ最モダンの商賣人、稱してステッキ・ガールのロマンス
【寫眞】主演者龍田靜枝と結城一郎

昭和四年の松竹映畫「ステッキガール」の記事です。

昭和六年
『東日本マガジン』
（東京日日新聞社）
表紙より

五月、赤いベレーの女性です。

七月、登山服の女性です。

六月、黄色い帽子の女性です。

十二月、黒い帽子の女性です。

十一月、冬の装ひです。

大正ロマンのこと

モダンガールについて取り上げてゐると必ず登場する言葉があります。それが大正ロマンといふ言葉です。そも〳〵大正ロマンとは、大正時代から存在する言葉なのでせうか。大正は〝モチ論〟のこと、浪漫、浪漫主義、ロマンチシズムなどの言葉は當時既《すで》に存在しました。しかし、大正ロマンといふ固有名詞が使用され始めたのは、後の時代です。

「讀賣新聞」では昭和五十（一九七五）年二月十六日、「朝日新聞」では昭和五十五（一九八〇年）年三月二十六日に、「大正ロマン」の文字が初めて使用されました。初期の使用例は、昭和五十二（一九七七）年九月二十一日發賣のレコード「甦る大正ロマン」（ダークダックス）。それに續いて昭和五十三（一九七八）年十月十日から十一月二十六日までは、サントリー美術館にて「大正ロマン」展も開催されてゐます。昭和五十四（一九七九）年六月三十日放送のＮＨＫテレビ「夜の指定席『ここに歌あり・大正ロマンをうたう』」、これも初期の使用例です。

大正時代の藝術作品、文學、建物、裝ひに至るまで、大正時代を象徴する言葉として大正ロマンは現在も根強い人氣があります。それ自體に問題はありません。但し、大正ロマンといふ言葉自體が近年どんどん擴大解釋されて、大正時代を主題にしたアニメ、ゲーム、漫畫はモチ論のこと、レトロであれば何でも大正ロマンであると表現してしまふことには、聊《いさゝ》か疑問を感じます。

中には大正時代と全く關係がない事柄に大正ロマンと書かれてゐることがあります。ある大手量販店の浴衣賣り場では、どう見ても今様の柄であるのに、和服といふだけで「大正ロマンの浴衣」と銘打つて陳列してゐました。これでは當時の良さが全く傳はりません。現代風のものが、當時あつたかの如く廣まつていくことは問題があると思ひます。

資料からではなく、イメージだけに因《よ》る大正ロマンの裝ひは、大正の名前を借りただけで、新たな創作物であり、現代の裝ひです。大正と名を附ける必要はありません。イメージだけでは、當時に近附くことは決して出來ません。

例へ少しずつでも、大正の人々と對話をする氣分で資料を探し始めると、新たな發見があり、必ずそれらを取り入れたくなるものです。

《和服と洋髪について。》

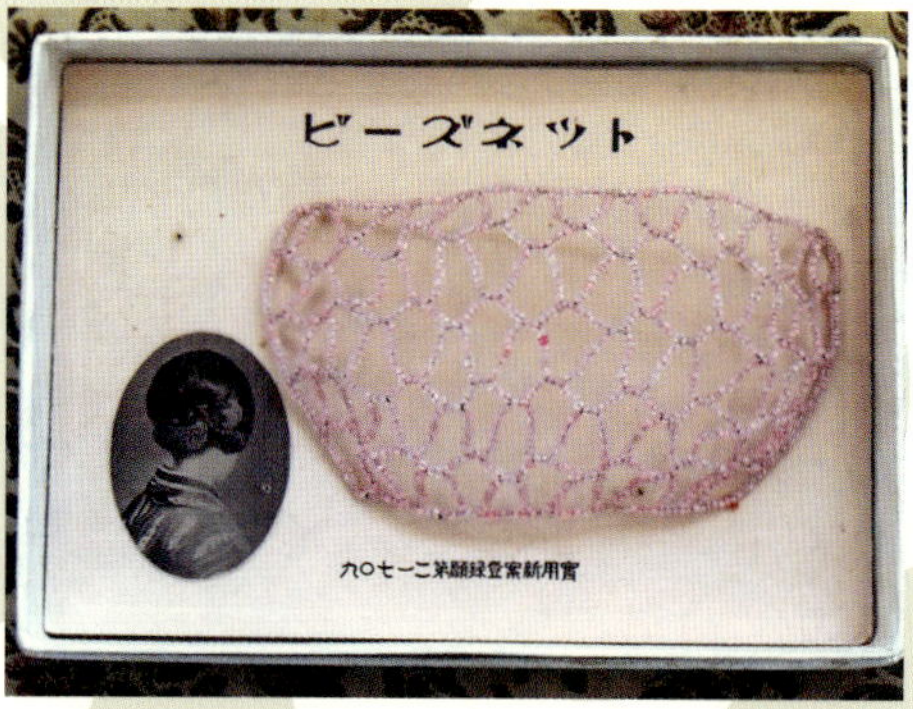

大正十五年、實用新案出願公告第二六八五四號（願書番號大正十四年第二一七〇九號）、「髪止」。
商品名は「ビーズネット」で、和服に洋髪用の商品です。

和服に洋髪、ネットのお洒落な女性です。

和服にハンドバッグや傘がよく合つてゐます。

麻雀牌柄に繪日傘、洋犬の奇抜な取り合はせです。昭和五年、帝國美術院第十一回美術展覽會出品作品の繪葉書です。

昭和十一年『婦人子供報知』十月二十五日號(報知新聞社)表紙です。和服に手袋、洋髪の繪です。

伊東深水「女五人」です。大正十五年、帝國美術院第第七回美術展覽會出品作品の繪葉書です。

音樂を聽きませう

日本に於ては昭和の始め、レコード（SP盤）は、喇叭《ラッパ》吹き込みからマイクロフォンを使用した電氣錄音に變はり、その頃には音質が格段に向上しました。

古道具屋で、電氣を使はない發條《ぜんまい》式の蓄音器でレコードを初めて聽いて、その音樂に感激し、蓄音器を贖入してからは、自宅でどんなレコードでも聽く様になりました。また、蓄音器以外に、レコードや金屬原盤から錄音して復刻されたCDも聽いてゐます。同じ曲の復刻盤であつても、CDによつて音質が全く異なりますので、聽き比べるつもりで様々な復刻盤を聽いてみることをお薦めします。

CD「バートン・クレーン作品集」を友人に薦められて初めて聽いた時には、まるで今、本人が唄つてゐるのかと思ふ程でした。また、優れた復刻盤は解説書も充實してゐます。

聲樂家の藤原義江《ふぢはらよしえ》は大變な人氣で、國際的にもスタアでした。端整な容姿に美聲の持主で、モダンガールも聽いてゐたことでせう。ただ上手なだけではなく、感情を搖さぶる魅力があります。同名の映畫の主題歌にもなつた昭和四（一九二九）年の「東京行進曲」（佐藤千夜子《さとうちやこ》）は、何年聽き續けても飽きることがありません。當時の音樂を聽きながら化粧をしたり洋裝を試すことも良いでせう。

モダンガールを題材にしたレコードに、昭和二（一九二七）年の「近代喜劇 毛斷ガール」（志《し》賀《が》廼《の》家《や》淡《たん》海《かい》一《いち》座《ざ》）があります。このレコードでは、モダンガールとそれに反對する男性との會話が繰り廣げられます。「**何だ貴様のその服装は、日本の娘でありながら紅《こう》毛《もう》夷《い》狄《てき》の風習に染むで斷髪洋装するとはけしからん**」。それに對してモダンガールは、汽車や電氣や電話を使用しながらも西洋の全てが嫌ひだといふ男性を批判します。「**昔から日本の品物が良いのなら何故籠に乘つてゐらつしやらないの**」

昭和三（一九二八）年の「モガ・モボソング」は、どんなにモダンな曲かと思つて聽けば、その土着的で混沌とした世界觀に驚くことでせう。一度聽いたら決して忘れないリズムが印象的です。これを野暮つたいとは言はず、當時をそのまま味はうことが重要だと思ひます。粋な「銀座モダンガール」（河《か》上《は》喜《かみ》久《き》代《くよ》）は、昭和五（一九三〇）年の發賣です。

大正十三（一九二四）年に松坂屋銀座店が開業し、食堂の女性店員に初めて洋服を着せた處、「**お給仕に慣れない上に始めて着た洋服や靴ずれなどの爲め、お汁はこぼす、器物はこわす遂にはシクシク泣き出す女店員もあつた**」（昭和十年『松坂屋三百年史』）とあります。この邊《あた》り僅《わづ》か數年の間の、銀座の移り變りの早さを感じます。

【各レコード會社の月報より。】

コロムビアの月報の表紙

昭和三年十月發行の、
砂漠とピラミッドです

昭和三年三月發行、
太陽と地球です。

昭和二年發賣の
オリエント「毛斷ガール」の
レコードです。

昭和四年九月發行、
女性とポータブル蓄音器です。

昭和四年八月發行で、
浜邊とポータブル蓄音器です。

昭和四年七月發行で、
車と柳です。

昭和五年十月發行で、
女性と月です。

昭和五年八月發行で、
男女と海です。

昭和五年七月發行で、
金魚と提燈です。

ポリドールの月報の表紙

昭和六年七月發行で、
やや煽情的な寫眞(裏表紙)です。

昭和五年十一月發行で、
女性の顔の陰影を大胆に
表した構成です。

ニッポノホンの月報の表紙

大正十四年六月發行で、
大木の下に日傘の親子です。

パーロホンの月報の表紙

昭和六年七月發行で、
帽子を被るモダンな女性です。

昭和六年九月發行で、
浜邊で砂遊びをする女性達です。

昭和七年二月發行で、
水玉ドレスの女性です。

モダンなキネマ

モガモボは洋物のキネマからの影響を強く受けてゐます。そこで大いにキネマを參考にしたいです。當時のキネマ（映畫、活動寫眞）には、その時代に存在した事物しか映りませんから、當時を追ひ掛ける上でこれ程學習になることはありません。細部までしつかり觀賞する爲に、今も各地で開かれてゐる上映會へ行きませう。無聲映畫に生の映畫説明や音樂が附いて鑑賞が出來る上映會がよく開かれてゐます。無音で觀るより斷然好きです。トーキーなら美しい日本語を聽く絶好の機會です。現代に再現されたキネマではなく、當時のキネマをひたすら觀ることが重要です。

「キネマニュース」（活動寫眞畫報のこと）が盛んに發行された頃で、昭和四（一九二九）年『洋裝心得と洋食作法』（歐米旅行案内社）には、キネマについてこの様に記述されてゐます。「**俳優の扮裝は扮裝した人物の職業性格を表現する一助としてされて居る故に、活動寫眞を通じて歐米の流行を知らんとする人は、此の點を注意せぬと甚だしい錯誤を生ずる。眞實、銀座街路に風を切るモダーンボーイ、モダーン・ガールと稱せられる連中の整容を見る時に、餘《あま》りに洋裝知識が無きために、或る者は無頼漢の容姿をなし、或は旅行**

姿で、或は賣淫婦の服装を裝ひ居る事を知らないで、非常な斬新なタイプであると得々と散歩して居るのに驚かされる」とあります。これは覺えておきたいです。

昭和七（一九三二）年發行の『大東京都市寫眞帖』（忠誠堂）にある、影山光洋が撮影したモダンガールの寫眞は（本書十二頁參照）、高校教科書の『詳説日本史 改訂版』（山川出版社）に**「アメリカのシネモード・スタイルそのままのモダンガール」**といふ説明とともに取り上げられてゐます。街歩きに、避暑地か濱邊《はまべ》を歩く樣なスタイルは、どう見てもかなり違和感があります。後方に人々が集まり、寫眞機の方向を見てゐることから、スナップ寫眞ではなく、モデル撮影の可能性もあると思ひます。

大正十三（一九二四）年の『芝居とキネマ』では、日本畫家の高島北海《たかしまほっかい》の長女で、日活の女優・高島愛子《たかしまあいこ》の紹介記事に**「モダーン・ガールが得意」**と書かれてゐます。高島愛子とも共演し、モダンガールとして人氣を博した瀧田靜枝《たつたしづえ》が、一等好きです。モダンな女優は書きゝれませんが、夏川靜江《なつかはしづえ》、入江《いりえ》たか子《こ》、伊達里子《だてさとこ》、竹久千惠子《たけひさちゑこ》が特に好きです。海外では、ルイーズ・ブルックス、クララ・ボウ、グレタ・ガルボ、マレーネ・デートリッヒ、メアリー・ピックフォード、ジャネット・ゲイナー……字數が足りません。

男性は、鈴木傳明《すずきでんめい》、岡田時彥《おかだときひこ》、高田稔《たかだみのる》はモチ論のこと、ルドルフ・ヴァレンチノ、ゲーリー・クーパー、ダグラス・フェアバンクス、他多數。モダンガールも彼等に憧れたことでせう。銀幕の戀人、貴方だけのスタアを見附けませう。

【道頓堀松竹座の映畫ポスターより。】

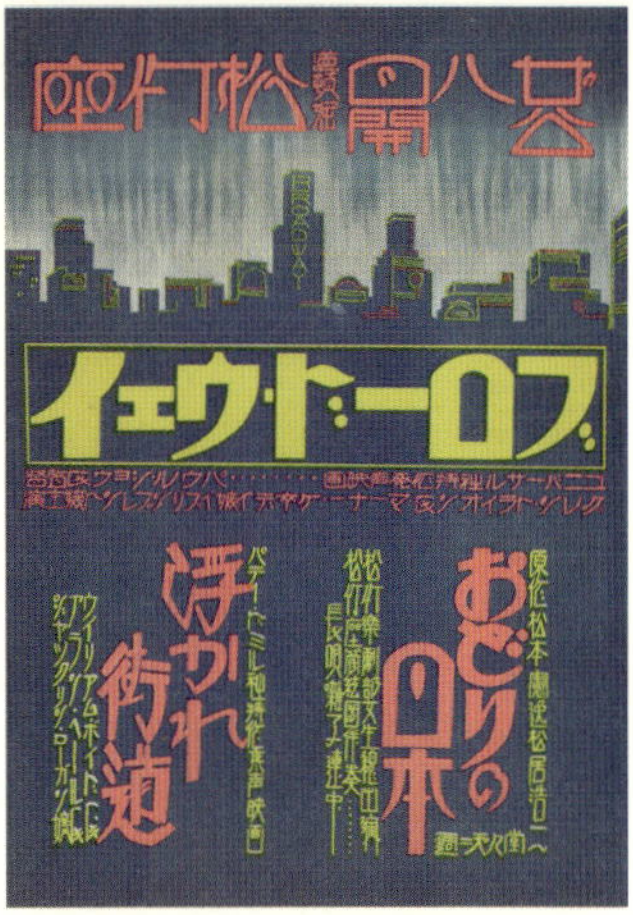

昭和四年十一月二十八日公開、
「ブロードウェイ」です。

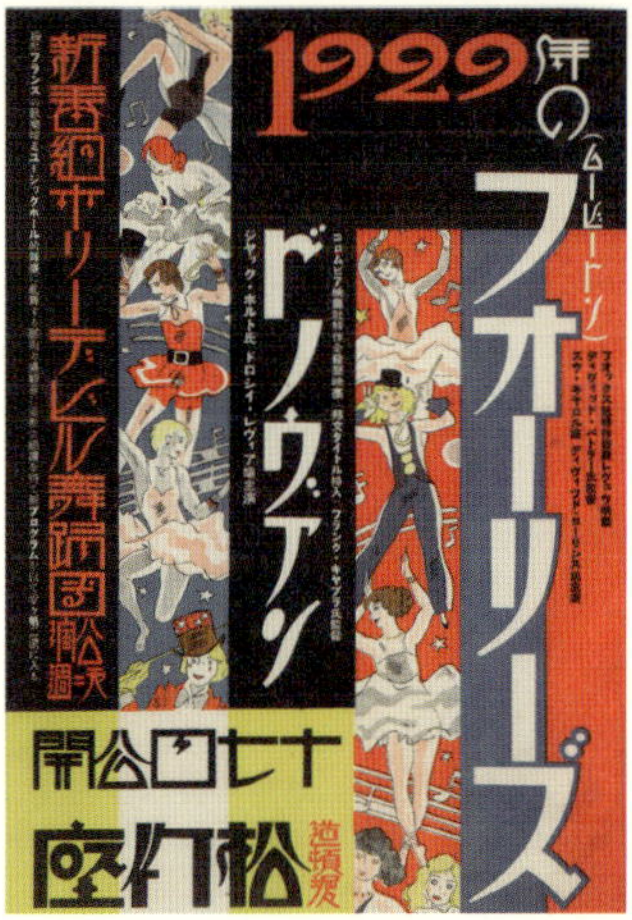

昭和四年十月十七日公開、
「1929年のフォーリーズ」です。

昭和四年十二月三十一日公開、バスター・キートン主演「キートンの結婚狂」のポスターです。「元日封切、卅一日初日」とありますが、當時の新聞廣告には三十一日公開と出てゐます。この時期は トーキーへの轉換期の爲、新聞廣告には「最新裝置導入」とあります。

昭和五年一月二十五日公開、
「アスファルト」です。

昭和四年九月十九日公開、
「キートンのカメラマン」です。

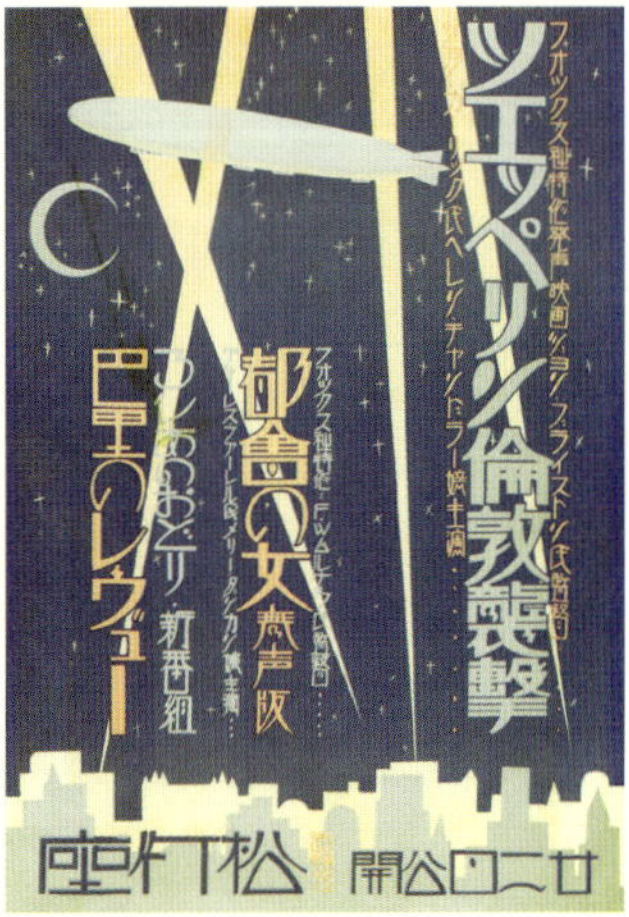

昭和五年五月二十二日公開、
「ツエッペリン倫敦襲撃」です。

昭和五年三月七日公開、
「進軍」です。

昭和四年十二月二十五日公開、
伴奏音響版による再上映の
「つばさ」です。

第四章
暮しの實踐

臺所《だいどころ》について

今、わたくしが暮してゐる昭和三（一九二八）年頃に建てられた下宿では、尤も當時の名殘《なごり》があるのが臺所です。變色した竿緣《さをぶち》天井、漆喰の眞壁《しんかべ》、研ぎ出しの流し、タイルの壁、木の引き戸、木枠にダイヤ硝子の窓、タイルの作業場などです。

東京の省線《しやうせん》（今はJRですがわたくしは昔のまま省線と呼びます）西荻窪驛《えき》から徒歩圈内の下宿です。近所では「西荻窪アンティークマップ」が配布され、骨董、古道具、リサイクル、古着など、古物に關するお店が平成二十七年現在で五十五ヶ所、掲載されてゐます。この街で暮してゐると常日頃から、大正、昭和初期に關する物を身近に探せます。

個人商店が多く大きな驛ビルもありません。生活も實踐したいわたくしにとつては、買ひ物はやはり個人商店へ出掛けたいので、西荻窪は非常に暮しやすい街です。西荻窪で最初に住んだ家は、大正十（一九二一）年に建てられた洋館で、マントルピースのある洋室を間借りしました。その洋館が取り壞しになつたので、不動産屋で尤《もつと》も古いアパートを紹介して貰つたのが今の下宿です。耐震工事が濟んでゐる部屋ですが傾きが難點です。鍵を閉めないと窓が勝手に開いてしまひます。

しかし住めば都で、當時を知るための生活を實踐したり、試行錯誤をするには最適な場所です。特に食事は毎日のことですから、臺所で實踐をすることがいかに重要かと考へます。プラスチック製品は殆ど使用せず、調味料も主に瓶入りの物を選び、足附きのまな板や菜切り庖丁も使用してゐます。

昭和初期の雰圍氣が臺所に殘つてゐますので、この臺所に合ふ様に合羽橋《かつぱばし》道具街で鑄物《いもの》コンロを求めました。新品ですが、形は當時に近い物です。

昭和二（一九二七）年發行の『日本家庭大百科事彙《じゐ》』には「自働電氣皿洗機」の項目があります。勿論、普及しては居りませんが、最初に寫眞を見た際には驚きました。**「圓筒の底部にプロペラー様の攪拌機が電動機によつて高速度に廻轉し、石鹼温水を汚れた皿にはねかけて洗ふやうな装置になつてゐる」**と説明があります。

昭和十二（一九三七）年の電化製品の紹介寫眞を見ると、電氣の洗濯機、電氣の冷藏庫、エレベーター、トースター、湯沸器、掃除機などが掲載されてゐます。一般にはやはり普及しては居りませんが、電化製品についての紹介寫眞は、當時の本ではよく見掛けます。極一部のお金持ちが使用してゐたのでせう。

昭和十二年『婦人家庭百科辭典』(三省堂)より。

【臺所周りと未だ普及はしてゐない高級電化製品です。】

様々な食器です。

婦人家庭
百科辭典

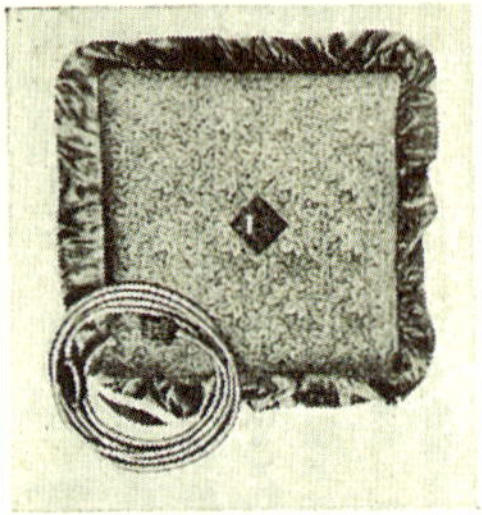

〔電氣座蒲團〕

電氣座蒲團です。

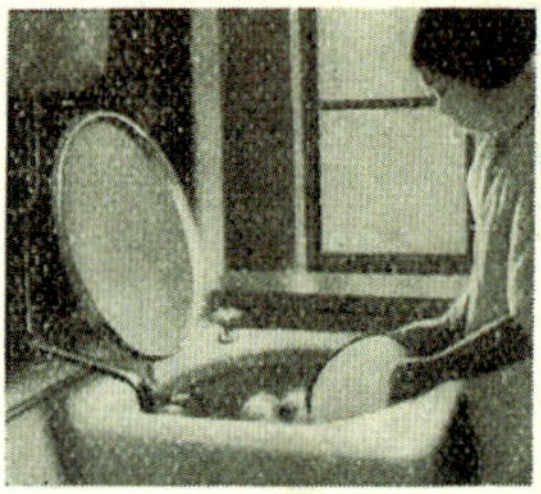

〔電氣皿洗機〕

電氣皿洗機です。

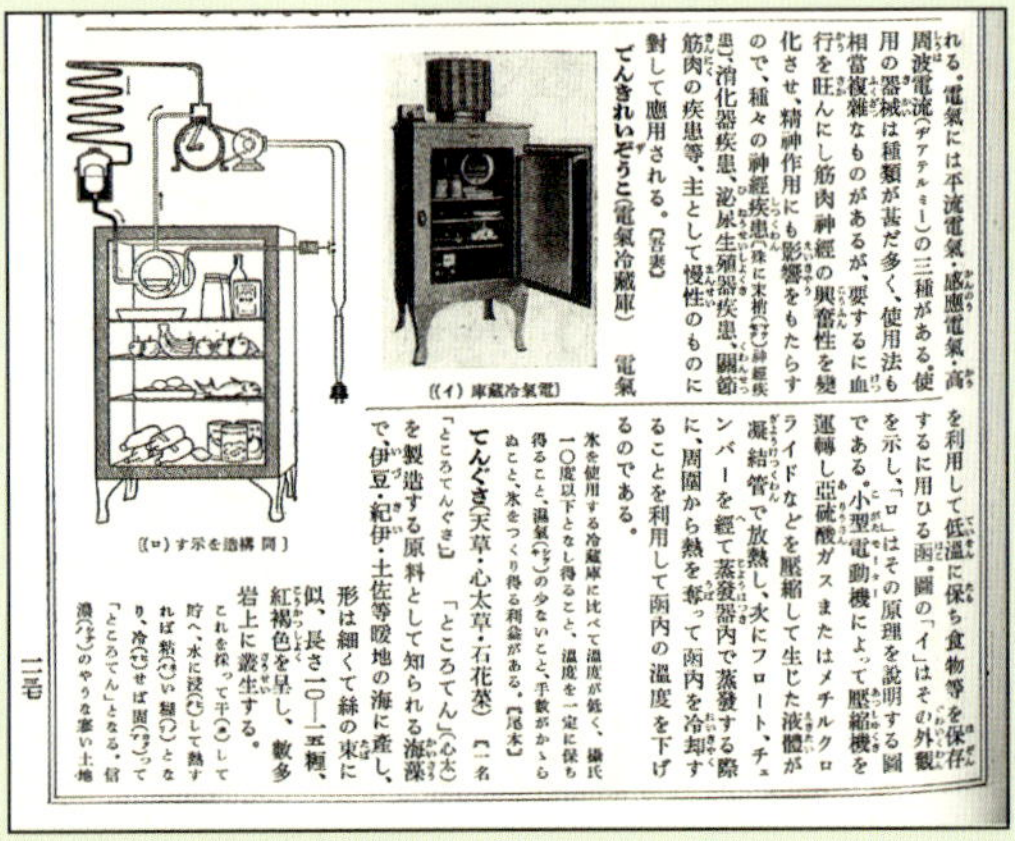

れる。電氣には平流電氣・感應《かんのう》電氣・高《かう》周波《しうは》電流(ヂアテルミー)の三種がある。使用の器械《きかい》は種類が甚だ多く、使用法も相當複雑《ふくざつ》なものがあるが、要するに血《けつ》行《かう》を旺《さか》んにし筋肉神經の興奮《こうふん》性を變化させ、精神作用にも影響《えいきやう》をもたらすので、種々の神經疾患《しつくわん》(殊に末梢(マツ)神經疾患)、消化器疾患、泌尿生殖器《ひにようせいしよくき》疾患、關節《くわんせつ》筋肉《きんにく》の疾患等、主として慢性《まんせい》のものに對して應用される。〔吾妻〕

でんきれいぞうこ(電氣冷藏庫) 電氣を利用して低温《ていおん》に保《たも》ち食物等を保存《ほぞん》するに用ひる函《はこ》。圖の「イ」はその外觀《ぐわいくわん》を示し、「ロ」はその原理を説明する圖である。小型電動機《こがたモーター》によつて壓縮機《あつしゆくき》を運轉し亞硫酸《ありうさん》ガスまたはメチルクロライドなどを壓縮して生じた液體《えきたい》が凝結管《ぎようけつくわん》で放熱し、次にフロート、チェンバーを經《へ》て蒸發器《じようはつき》内で蒸發する際に、周圍から熱を奪つて函内を冷却《れいきやく》することを利用して函内の温度を下げるのである。

氷を使用する冷藏庫に比べて温度が低く、攝氏一〇度以下となし得ること、温度を一定に保ち得ること、濕氣(しつけ)の少ないこと、手數がかゝらぬこと、氷をつくり得る利益がある。〔尾本〕

〔電氣冷藏庫(イ)〕

〔同 構造を示す(ロ)〕

てんぐさ(天草・心太草・石花菜) 〔一名「ところてんぐさ」〕 「ところてん」(心太)を製造する原料として知られる海藻《かいさう》で、伊豆《いづ》・紀伊《きい》・土佐等暖地の海に産し、岩上に叢生《さうせい》する。形は細くて絲の束《たば》に似、長さ一〇—一五糎、紅褐色《こうかつしよく》を呈し、數多

これを採つて干(ほ)して貯へ、水に浸(ひた)して熱すれば粘(ねば)い糊(のり)となり、冷(ひや)せば固(かた)まつて「ところてん」となる。信濃(しなの)のやうな寒い土地

三七

電氣冷藏庫の繪と圖解です。

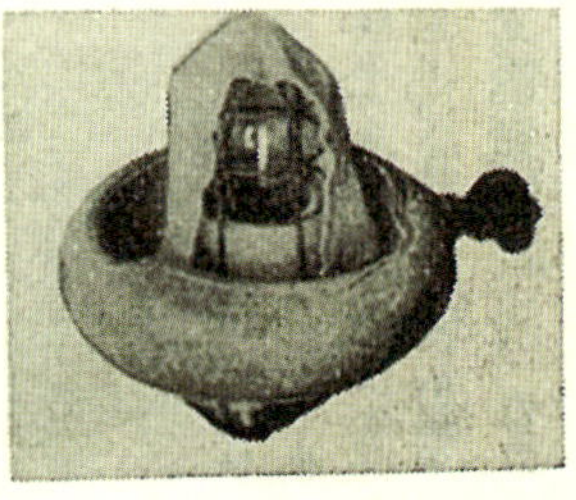

〔電氣濕潤器〕

電氣濕潤器です。

日本家庭
大百科事彙

昭和二年『日本家庭大百科事彙』（冨山房）より、「家庭電化」記事です。

家庭電化（四）

〔電氣ストーブ〕（反射型）

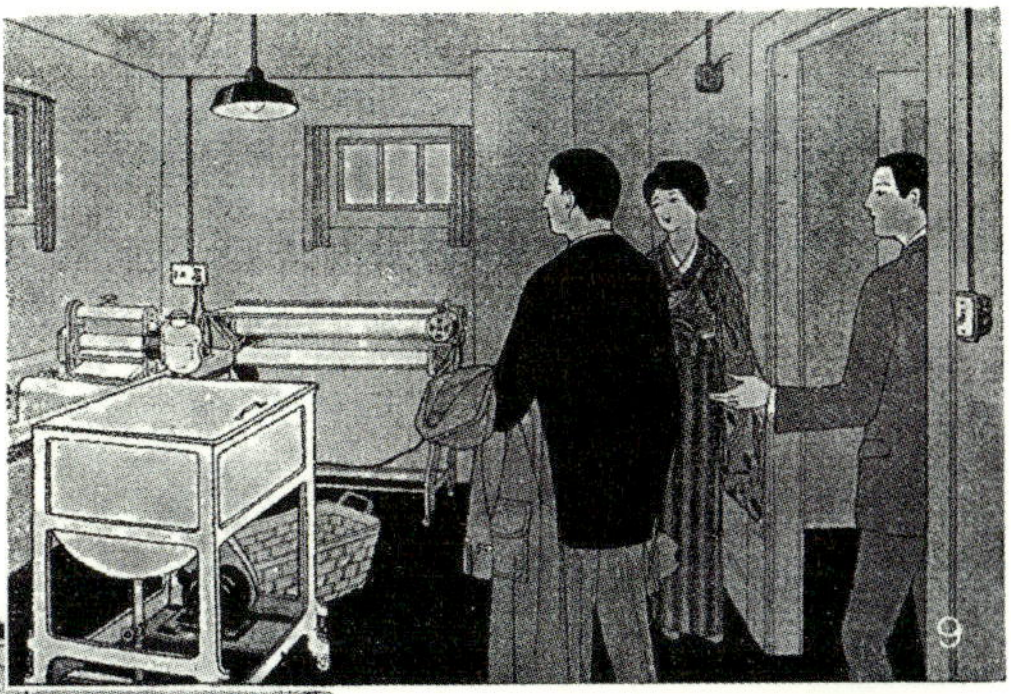

〔自働電氣洗濯機〕

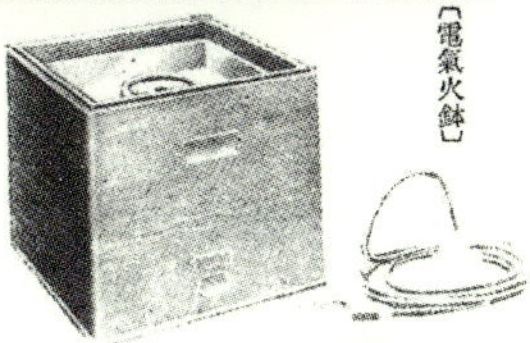

〔電氣火鉢〕

〔電氣アイロン〕

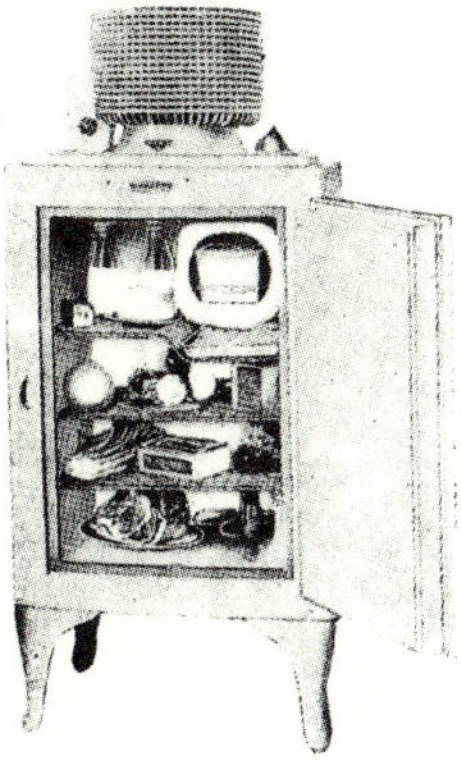

〔電氣冷藏機〕

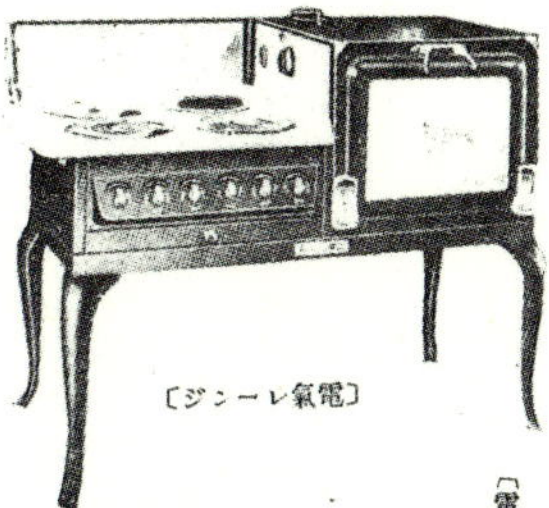

〔電氣レーンジ〕

〔電氣オーブン〕

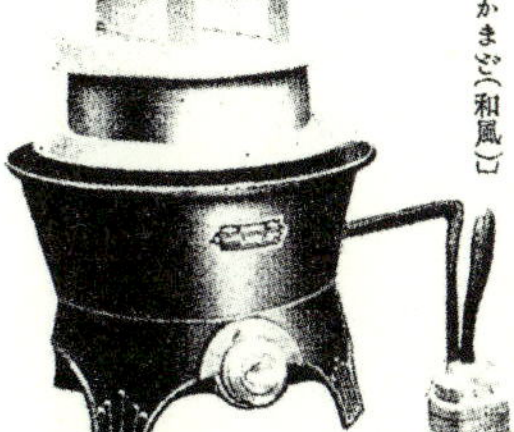

〔電氣かまど〕（和風）

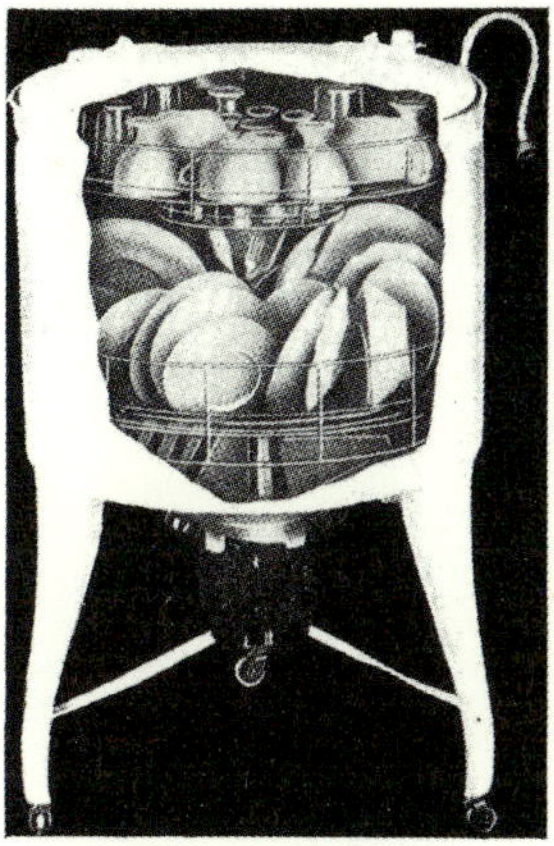

〔自働電氣皿洗機〕

氷式冷藏庫を使ふこと

電氣冷藏庫は持たず、古道具屋で見附けた昭和三十年代（わたくしにとつては新しい）の氷式冷藏庫を時々使用してゐます。溶けないやうにする爲に、氷には新聞紙を卷いて、下に簀《す》の子《こ》を敷くと良いと、當時の記事で讀みました。氷の無くなつた冷藏庫の中に食べ物を入れておくと外よりも早く腐敗する場合があるので、出來るだけ氷を切らさぬことだとも書かれて居りましたが、氷代は電氣代よりも高い昨今ですので、使ふことは時々の贅《ぜい》澤《たく》です。ちなみに氷の上に直接食品を置かず、氷より下の棚に置くことが重要です。

昭和三（一九二八）年『主婦之友』一月號には、「**冬は下段に電球等を入れて、逆轉の發想で【冷藏函を保温函に】する**」とあります。

いつか、現在も作られてゐるといふ新品の氷式冷藏庫を買ふことが夢です。

古道具屋などで比較的入手しやすい當時の物を日常生活で使用すると、どんな使ひ心地で、今の物とどう違ふのか。使用した際にどう感じるのかといふことを、大切にしたいと考へてゐます。なるべく色々な物を實際に探して試してみたいと考へますので、生活自體は、モダンガールに限定しては居りません。

生活をモダンといふことだけに特化してしまふよりも、當時からあつて今は餘り使用されてゐない物を使用してみたいと考へてゐるのです。よくある生活用品は比較的簡單に入手が出來ますので、それらを磨き、なるべく良い状態に戻してから使用してゐます。

冬には、鑄物コンロに火起こしで櫟《くぬぎ》炭を燃やし、炭アイロンを使用してから、その櫟炭を火鉢で使用すると便利である、などといふことは實際に使用してみないと分らなかつたことで、火鉢を使用して料理を作つたり、鐵瓶《てつびん》を置いてお茶を沸かしながら保濕器に使つたり、様々な工夫をして暮してゐます。盥《たらひ》と洗濯板で手洗ひした洗濯物を、雨の日に火鉢で乾かすこともあります。

昔の生活に興味を持たれたら、博物館や資料館での體驗《たいけん》企劃《きくわく》などへ積極的に參加すると良いでせう。實際にやつてみたこと、智識でしか知らないことは、實感が大きく異なります。その上で、今の方が良いと思ふのか、昔にも良い事物があつたと思ふのか、それは人によつて異なります。實際に經驗をして何かを感じ取ることが、何よりも自分にとつての寶物《たからもの》になつてゐると日頃から考へてゐます。わたくしの強みは、ひたすら實踐といふことではないかと思ひます。

當時の家事や暮し方を実踐してゐます。

楕円の表札を作りました。

わたくしが使つてゐる氷式冷藏庫は、昭和三十年代の物です。上にあるのも昭和三十一年製のテンピです。

或る日の、わたくしの食事風景です。

下宿の臺所にて、當時の雑誌の獻立から食事を作ります。

下宿の湯沸し器に蓋を被せます。

下宿の湯沸し器です。

下宿の備へ附けのエアコンに
蓋をして使用しません。

下宿の備へ附けのエアコンです。

現在の住居に移る以前、約三年四ヶ月、大正十年に建てられた洋館の
一室を間借りして暮して居りました。

調理用具とアイスクリーム

毎日、自炊をして居りますが、常に當時のことを實踐したいと考へてゐるわたくしにとつては毎回の食事が貴重な機會です。大正、昭和初期の獻立《こんだて》は、當時の婦人雜誌などによく掲載されてゐますので、それらを大いに參考にしながら、今は餘り無い道具をなるべく試す様にしてゐます。瓦斯《ガス》臺《だい》にそのまゝ載せて直火オーブンとして使用するテンピ（蒸し焼き器）は、昭和初期のモダンな獻立を見ても時々出てきます。天板に肉を並べて焼くだけでも、直火のゆゑか、非常に美味しく感じます。テンピでカステーラも焼きました。

「林檎汁取器」（蔬《そ》采《さい》卸具）は、昭和八（一九三三）年からの調理器具です。これでいつも林檎汁を作つてゐます。ガーゼは新品を使用します。

手輕に出來る飲み物で、昭和七（一九三二）年『婦人倶樂部』八月號に、トマトラムネの作り方があります。これは「**トマトにラムネをかけたお飲み物です**」。熱湯で皮を剝いたトマトを切つて種子を除き、トマトと砂糖と割り氷をコップかコーヒー茶碗に盛り入れて、ラムネかサイダー（冷たい水でも可）をかける飲み物です。「**お暑い時のお子さん方のお飲み物にもよろしうございます**」今にはない發想で、新しく感じます。

小學校低學年の頃に理科の授業で氷菓子を作りました。素朴な味で強く印象に殘り、大人になつてから昔の器具でアイスクリームを作りたいと考へてゐた處、二つの製造器を見附けたのです。アイス及びシャーベット製造器「ボントン」は、昭和四（一九二九）年の商品です。この製品で何回もシャーベットを作りました。

昭和五年『主婦之友』八月號の廣告によると、價格は定價十二圓五十錢です。昭和五年は最中が一つで一錢の時代ですから、當時はボントンが非常に高級品であつたことが分ります。

箱には「**五秒で凍る**」、廣告には「**五秒間で出來る**」と書かれてゐますが、實際に五回以上作り、出來上がる迄に少なくとも二十分以上はかゝりました。

桶の中に金屬《きんぞく》の筒とハンドルが附いた大正時代のアイスクリーム製造器で實際にアイスクリームを作りました。數回作つてみて、アイスクリームの形にはなりましたが、外氣温が低いほど上手に出來る爲、雪の日に作れば尤も成功するのではないかと思ひ、雪が降るとアイスクリームを作りたくなつてしまひます。しかし、絶對に風邪をひくと思ひますので、每年冬になると葛藤します。風邪をひいた理由が、「眞冬に外で大正のアイスクリームを作つたから」といふのは、如何なものでせう。

《大正時代と昭和初期のアイスクリーム製造器です。》

周りに氷と塩を入れて、金屬の圓筒にアイスクリームの材料を入れて作ります。

出來上がつたアイスクリームです。

大正時代に作られた物です。

アイスクリーム製造器

林檎汁取器

昭和八年、實用新案出願公告第一五〇六五號の「林檎汁取器」（蔬采卸具）です。説明書に「親孝行な發明品」「食品けづり器として天下一品」とあります。

ボントン

昭和四年、實用新案出願公告
第七五三號の「ボントン」です。

取扱ひ説明書の表紙です。

こちらは、周りではなく本體に氷と塩を入れます。

シャーベットが周りに。

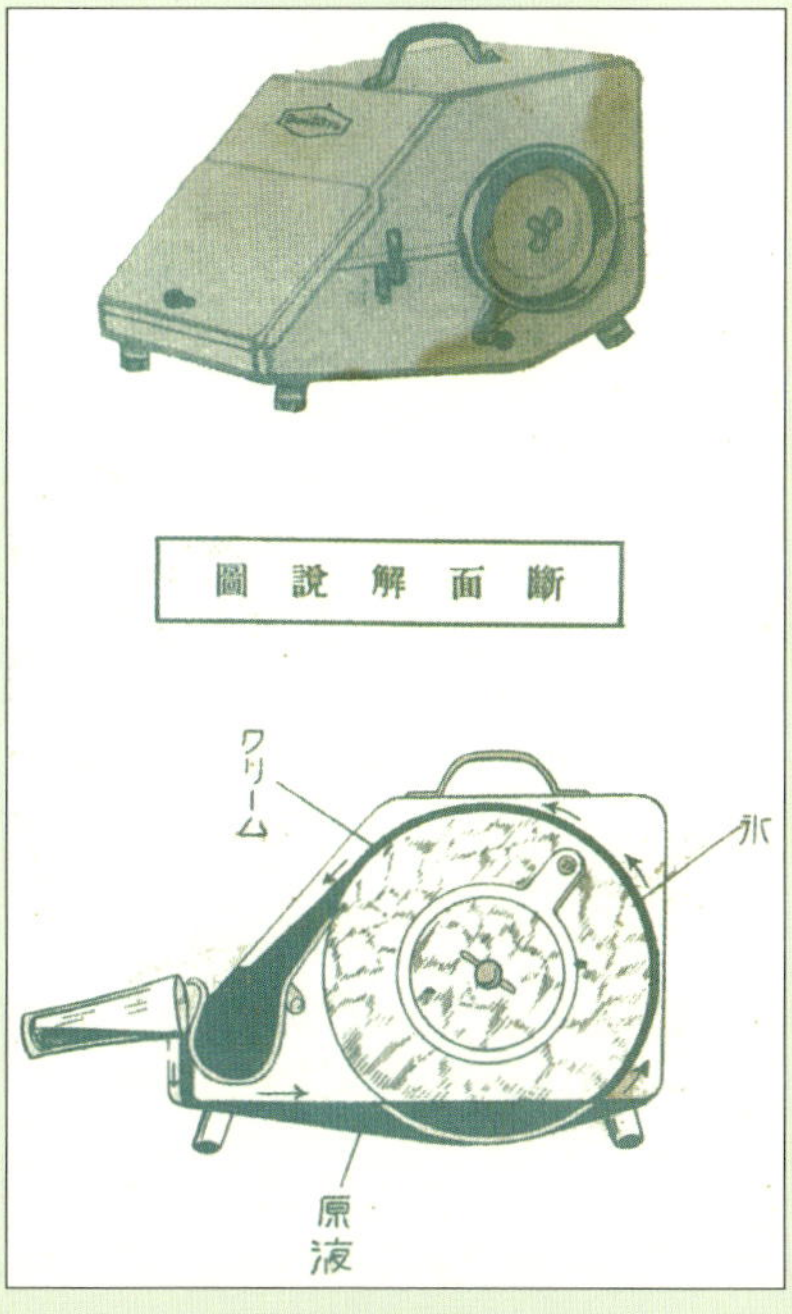

取扱ひ説明書にある斷面解説圖です。

出來上がつたシャーベットです。

葉書を認《した》ゝめませう

ここでは、葉書を出す練習としてわたくしが行つてゐる方法を傳授しませう。

骨董市や古書市などで、大正から昭和初期までの、候文《さふらふぶん》で書かれてゐるのではない葉書を入手します。未使用の葉書ではなく實際に使用された葉書です。大抵は崩し字で書かれてゐますが、文字の上手な葉書が見附かれば特に良いでせう。當時觀光地から出された葉書が多くありますので、比較的簡單に使用濟みの葉書が入手出來ると思ひます。切手に押印があり、勿論宛名や文章はそのまゝ書かれてゐます。

その葉書と同じ大きさの厚紙を用意して、宛名から文章までそつくり書き寫します。崩し字が得意な方は何が書いてあるのか判讀しながら書くことが出來ますが、全く分らなくても、書き進めてください。

出來れば、數種類の葉書を入手して實際に書き寫します。實際に書くことゝ、見るだけには大きな隔たりがあり、普通の葉書がどんな文字の運び方で、餘白《よはく》はこれ位だつたのだな、と何か實感が出來ると良いのです。次に見る時には見方が變《かは》ります。

投函《とうかん》する葉書は縱書きで書いてみませう。崩し字を入れて當時風に書きたい場合は、當時の『字くづし辭典』を使用したり、よく使用する漢字の崩し字を眞似てみても良いでせう。相手が讀みやすい樣に、崩し字は使用しないと決めても構ひません。

昭和十三（一九三八）年『新例手紙文範』（服部嘉香、早稲田大学出版部）の、「**珍談の奈良から（繪葉書に）**」には「**奈良へ來ました。いま東大寺の鐘樓を撞いて昔を偲んでゐます。奇拔な珍談は宿に歸つてから委しく**」と文例があります。たつたこれだけの文章ですが、良い表現です。

また、「**宇治へ來てゐます。池月《いけづき》磨墨《するすみ》の宇治川の水は、相變らず無心に流れてゐますが、宇治電の發電所が櫻の土手から直ぐ旅人の眼に迫るので、昔の面影もありません。この鳳凰堂は、全體の形が、鳳凰の兩翼を擴《ひろ》げたのに似てゐるといふのです。よく見てゐるとそんな氣がしました。あなたには何《ど》う見えます？**」と數行だけ認められてゐる例文もあります。旅先からの葉書は、印象を自由に書ける處から、手紙や葉書を書き始める上で尤もお薦めしたいことです。

葉書や手紙の書き方は、當時の婦人雜誌の附錄などでも、よく特輯されてゐますが、その表紙の殆どが、和服の女性が手紙を書いてゐる繪です。

【葉書についての彼是《あれこれ》です。】

手紙の書き方についての本です。

昭和三年六月公開の
映畫「マルセーユ出帆」、
特別便箋です。

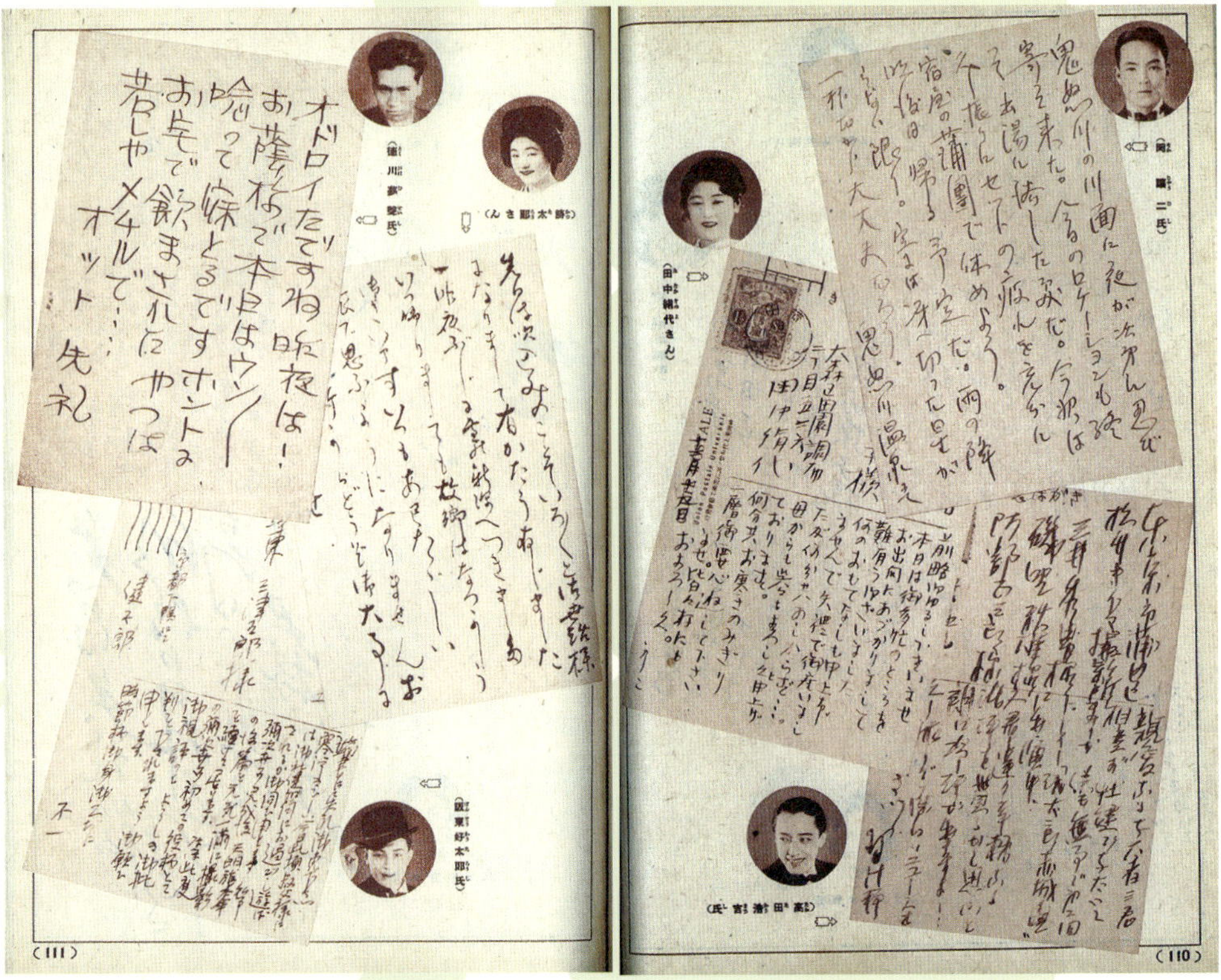

昭和九年『主婦之友』二月號附錄『婦人の手紙』より、スタアの葉書の内容です。

桑野通子の寫眞です。

モダンな入江たか子の寫眞です。

洋装女性は、夏川静江（右）です。

女役に扮した鈴木傳明（右）です。

時代祭りに出場しませう

モダンガールの裝ひを試してみたいけれど、機會がないと相談されることがあります。それならば、公募されてゐる「時代祭り」に出場しませう。この日はどんなに着飾つて歩いても自由です。堂々と樂しみながら町を闊歩しませう。

お薦めの時代祭りは、埼玉縣の與野驛《よのえき》周邊で毎年十月に開催される「大正時代まつり」です。與野驛が大正元年に始まつたことを記念して、既に二十回以上開催されてゐる地元主催の祭りです。大正時代と名の附く祭りとしては全國で尤も大きく、毎年秋に一般公募が始まります。貸衣裳と自前衣裳とがあり、子供からお年寄りまで誰でも參加出來ます。ここに自前衣裳で申し込みをして、モダンガールの裝ひをしてみませう。大正時代まつりは大正を謳つては居りますが、實は明治風もあり、幅廣い人々が參加する、おほらかな祭りです。

この祭りにわたくしは十回連續で出場して居りますが、洋裝や和服の自前衣裳（軍服を除いて）の參加者は、自宅から同じ恰好で現れてそのまゝパレードに出て、着替へずに歸《かへ》る方もゐます。普段から、「一人假裝行列だ」と言はれることもありますが、モダンな裝ひの實踐は、何を言はれても一人でも續ける勇氣が必要です。しかし周りに刺戟されることも多いもので、共に成長を目指せる人々が大正時代まつりで見附かるとまた良いでせう。眞劍に當時を追求する仲間が居ることは、樂しきものです。

他にも幾つか大正時代をテーマとした祭りがありますので、それらをこまめに探し出して、旅行を兼ねて參加してみることも意義深いと思ひます。また、岐阜縣惠那市明智町の日本大正村でも、一年を通して様々な祭りが行はれてゐます。和服で參加する方が多い様ですが、洋裝で祭りを見學して、日本大正村内で寫眞を撮つても良いでせう。

時代祭りへの參加は一日だけの遊びではなく、どんな裝ひにするのか時間をかけて眞劍に考へた上で、やめずに毎年續けると、それに氣が附く方が必ず現れますので、そこから新しい出會ひが生まれることがあります。時代祭りは、自らのメッセージを發信する場に成り得るのです。

≪時代祭りに出場した寫眞です。≫

第十八回(平成二十一年)。
大正時代當時のシマウマ水着
を着用して出場しました。
腹部を冷やさない爲に手拭を
巻きました。

「大正時代まつり」では人力車が活躍します。

第十六回(平成十九年)。
横濱のモダンガールが実際に着用してゐた
ドレスに、大正時代の傘で出場しました。

第二十三回(平成二十六年)。
一九二十年代米國製の、モアレのドレスを着用しました。

第二十二回(平成二十五年)。
右の華子夫人は、昭和六年の國內外の資料から、アフタヌーンドレスを自作しました。

新宮鐵道開業百周年記念行事の一環として開催された「しんぐう鉄道まつり」(和歌山縣)にて、「大正衣裝時代行列」に出場の寫眞です。

日々の暮し

今では見ることのない大正や昭和初期の生活用品を、骨董市や古道具屋で見附けると、これは一體何だらうといつも思ひを巡らせてゐます。

十年以上前の話ですが、骨董好きの友人の家へ遊びに出掛けた時に、ハンドル附きの胡椒挽きのやうな不思議な道具を見せて貰ひました。それが何であるのか全く分りませんでしたが、昔の手動マッサージ器であることを友人から聞きました。それまでに使用したことがない未知の道具でしたので、非常に驚くと共に、新しい物としてわたくしの眼に映りました。それから骨董市を探し歩いて、手動マッサージ器こと「實用振動器」を遂に入手することが出來ました。電氣は一切使ひませんので、大切に使へばこれから百年でも使用出來るのです。これは、未來へ殘すべき物ではないかと思ひます。

それからは、用途の分らない古物を見附けるとそれが何であるのかを常に考へるやうになりました。箱があり附屬の説明書が殘つてゐれば、使用方法を參照出來ますが、無ければ自分で調べるしかありません。分らないことを調べる過程が面白いのです。

灰懐爐《はいくわいろ》も初めは何か分りませんでした。本體が二重蓋になつて居り、内部に炭か灰の様な物を入れるのは何となく分りましたが、お年寄りに尋ねたり、使ひ方を知つてゐる人を探すうちに、紙で巻いた筒状の懐爐灰に火を點して使用することが分りました。大正生まれの方々に尋ねると、使用したことのある方、全くない方と様々でした。

懐爐灰はその後に骨董市などで澤山見附けることが出來ましたので、毎冬、少しづつ使用してゐます。

名古屋にある日本最大級のアンティークモール「アンティークマーケット吹上」で見附けた、「瞬間タオル蒸し器」といふ箱入りの製品があります。これは、蒸しタオルを作る圓筒形の柔らかい器具で、中は空洞になつてゐます。筒の中にタオルを入れて外側全體に熱湯をかけて使用します。手で絞る際に熱くないといふ點が新案特許であると書かれてゐますが、特許番號はありません。箱には昭和初期のモダンな字で「瞬間タオル蒸し器」と書かれてゐます。現在、本體は劣化して固まつて居り、お湯をかけても筒に入れたタオルを絞ることが出來ませんが、今は無い製品の一つです。

骨董市や古道具屋に限らず、町の資料館、博物館、または古い物が殘つてゐる家や場所など身の周りを探せば、昔の物を見附けられると思ひます。その時に疑問を持つて使ひ方を調べると、昔を見る目に必ず變化が起こることでせう。

【今は見掛けない道具です。】

■昭和初期の「瞬間タオル蒸し器」本體と箱です。

新案特許
瞬間タオル蒸し器

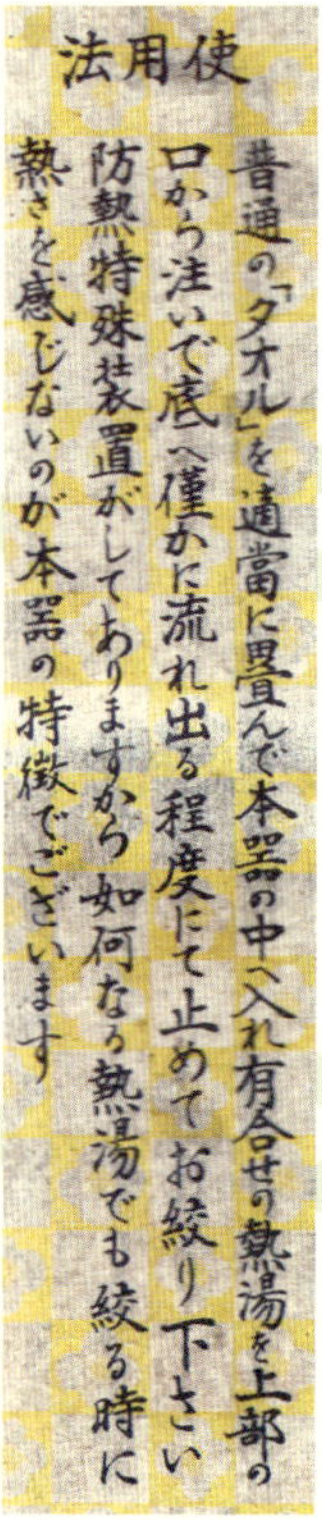

使用法

普通の「タオル」を適當に疊んで本器の中へ入れ有合せの熱湯を上部の口から注いで底へ僅かに流れ出る程度にて止めてお絞り下さい防熱特殊装置がしてありますから如何なる熱湯でも絞る時に熱さを感じないのが本器の特徴でございます

使用法の説明です。

瞬間
タオル
蒸し器

SHISEIDO

「SHISEIDO」と書かれてゐます。

資成堂製

「資生堂製」ではなく
「資成堂製」です。

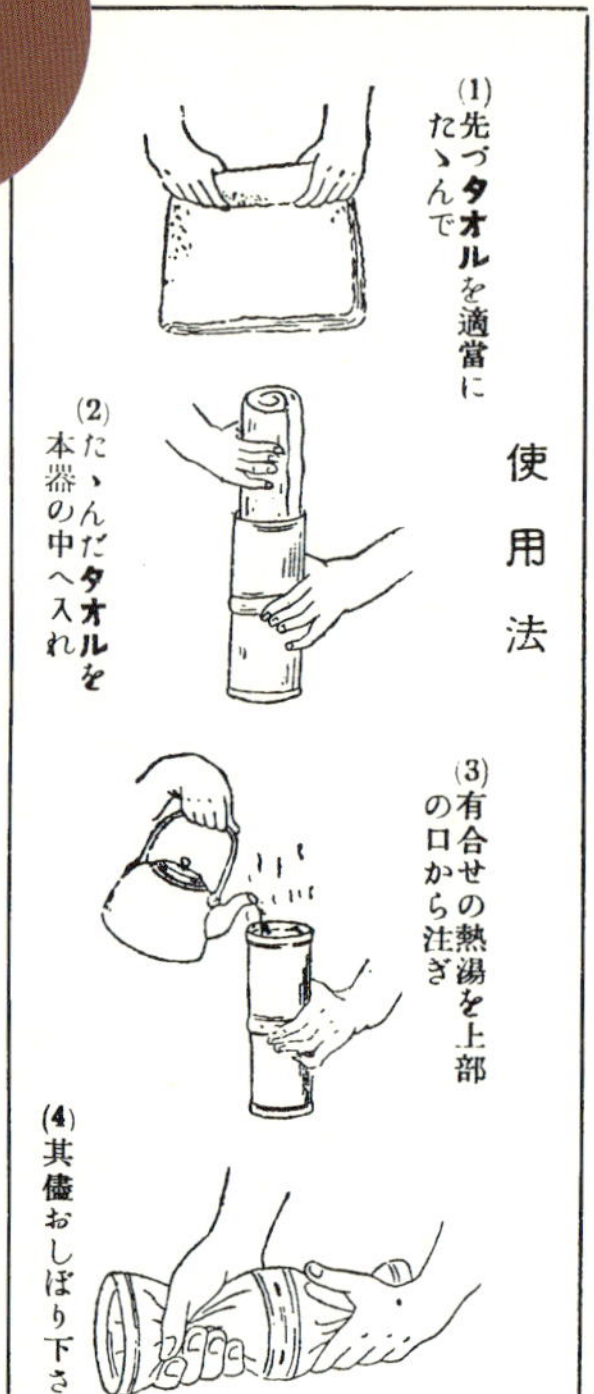
使用法
(1)先づタオルを適當にたゝんで
(2)たゝんだタオルを本器の中へ入れ
(3)有合せの熱湯を上部の口から注ぎ
(4)其儘おしぼり下さい

使用法の圖解です。

新案特許
瞬間タオル蒸し器

説明書の表紙です。

實用振動器

■「實用振動器」は、手動マッサージ器です。

懐爐灰

■「懐爐灰」と「灰懐爐」本體です。

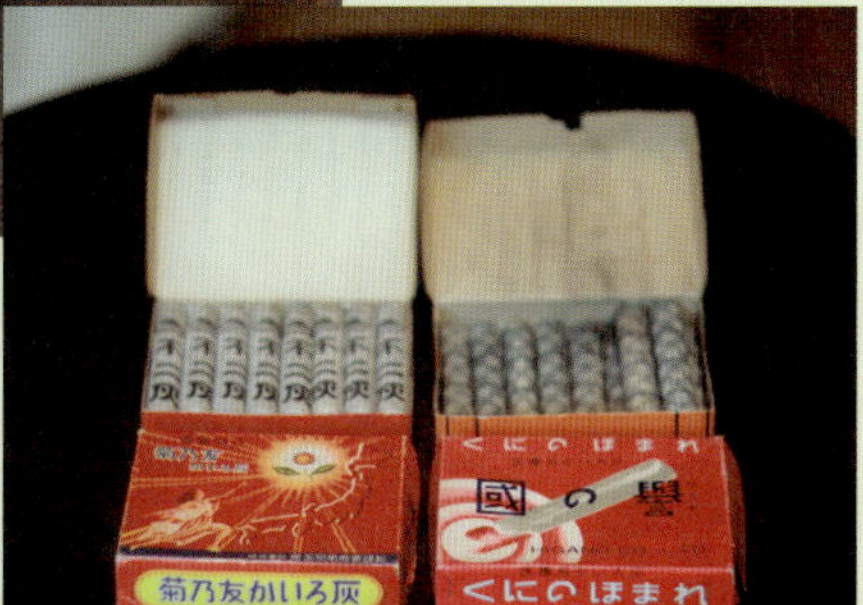

モダンボーイを見附ける

氣になる異性を町で見掛けることは、誰にでもあることだと思ひます。わたくしが氣になる異性の裝ひは、腰位置が高く折り目がはつきりと附いた太いズボンを穿き、手入れされた靴に中折帽、刈り上げ頭などです。部屋着と外出着をきちんと區別してゐる方に魅力を感じます。そして、恰好良いと思ふ異性を見附けるとその相手は、大抵お爺さんです。わたくしが憧れる異性は、特に大正生まれが壓倒的《あつたうてき》に多いです。しかも、九十代後半以降の元氣な方となら、好きなキネマや音樂の話も合つて何より樂しいです。好きな方を尋ねられたら、「お爺さん」と答へます。しかし憧れのお爺さんから見たらわたくしは孫と同じで、これから一生一緒に居ることは、殘念ですが出來ないでせう。

モダンガールとその時代をひたすら追ひ掛けてきたわたくしは、進む方向が異なつたことが原因で交際してゐた人と別れを經驗したこともありました。この樣な生き方を理解してくれる異性は現れないかもしれません。しかし、無理に合はせるよりも、假令《たとへ》一人でも信念を持つて生きたいと考へてゐました。郡修彦《こほりはるひこ》氏と出會ふまでは。

郡氏は幼稚園兒の頃、古い建物や近所を走る古い電車に魅かれ、小學生の頃には切手の繪柄なども戰爭前の方が良いと思はれたさうです。家に保管されてゐたレコード（SP盤）を小學生の頃から聽き、中學生でブレザーにネクタイ、大學一年生で、昭和初期當時の形を模した「三つ揃ひ」を仕立て、今も當時の資料を參考にした三つ揃ひを仕立て愛用されてゐます。

今から三十年前のこと、二十代の郡青年がカン〳〵帽を被つてゐると、「郡さん、ピザ屋で働き始めたの？」」。コンビ靴を履けば「ペンギンだ、パンダだ」。同世代からは『ホットドッグ・プレス』や『ポパイ』を讀まないとモテないよ」「ネクタイは會社員が締めるもの」「結婚が遠くなるよ」と言はれたのだとか。

しかしその裝ひを年配者からは懷かしがられて、當時の貴重な話を澤山聽けて有利だつたさうです。本物のモダンボーイから「中折帽は片方を耳に附けて少し斜めにして被ると恰好良い」などといふアドヴァイスを直接戴けたさうで、羨ましい限りです。三つ揃ひに中折帽を被り「終戰の時は、どこに居らつしやいましたか」と年配者に尋ねると、話が盛り上がつたさうです。

このやうな信念を五十代になつても貫き通す生き方に深い感銘を受け、お附き合ひを經てプロポーズを受けました。本當に好きなことを追求してゐると、いつか大きな出會ひが待つてゐると實感します。

《當時の文化をひたすら追ひ求める方です。》

夏の裝ひの郡修彦氏です。

大正や昭和初期が好きな仲間達と「川越成田不動尊蚤の市」へ出掛けた後、大正十一年創業の洋食店「モダン亭太陽軒」（埼玉縣川越市）にて會食をしました。現在の建物は、昭和四年に建てられたものです。和服にとんび（外套）が白田秀彰氏、クリス・フィリップス氏は舊式《きうしき》自轉車（通稱ダルマ）を實際に運轉されます。

二人で夏の装ひをしました。コンビ靴のコンビです。わたくしは、一九三〇年代の米國製ワンピースを着用してゐます。

鉄道博物館(埼玉縣さいたま市)内の、昭和十年頃の様子を基にした車内で、マネキンに間違へられた郡氏です。

憧れの和洋折衷住宅

さて、結婚することが決まり、新居をどうするかといふ話になつて、家を新しく建てることにしました。新築といつても、そこはやはりモガモボが好きな二人が住む家です。昭和初期に建造された和洋折衷の小住宅を、大いに參考とした家を建てたいと意見が一致しました。そこで、このやうな家を二人で考へました。

四目垣に圍《かこ》まれた玄關には、木製の引違ひ戸と明り取り窓が設置されてゐます。玄關に入ると、木製下駄箱があります。三和土《たゝき》の部分は、玉砂利洗ひ出し仕上です。

靴を脱ぎ中へ入ると、すぐ脇には應接間があります。應接間は玄關より少し前へ出てゐます。蓄音器やピアノ、丸卓子、椅子が置かれてゐます。床も下見板も茶褐色に塗られ、十尺の天井にはメダリオン、屋根はS瓦で、應接間の前には棕櫚《しゆろ》が植ゑられてゐます。

居間や寢室は竿縁《さをぶち》天井に眞壁、藁床仕様の疊《たゝみ》敷き、木製雨戸に緣側が附いてゐます。他には書庫、書齋があり、夫人室は洋間です。

昭和初期の著名な文筆家であり醫師《いし》でもあつた高田義一郎《たかたぎいちらう》の邸宅が、平成二十七（二〇一〇五）年に解體されました。その際に讓り受けた木枠の窓二面がわたくしの部屋の窓で、昭和四（一九二九）年の物です。

臺所には勝手口があり、上げ板附きの床下貯藏庫が作られてゐます。氷式冷藏庫を設置出來る場所があり、鑄物コンロが二臺。作業場はタイル製、浴室もタイル張りです。

他にも細かく仕樣書を作りました。限られた豫算《よさん》ですが、夢の家を實現させたいと二人で行動してゐます。當時の洋館附きの小住宅を參考にした家を平成に新築で建てるといふことは、前人未到の道であると思ひます。

空襲を受けてゐない街で、當時の住宅が殘つてゐる地域を中心に、新築の參考になりさうな昭和初期の住宅を、二人で歩き廻つて幾つも探し出しました。わたくしが住む杉並區内にも、まだ〳〵洋館附きの住宅が殘つてゐます。

外から少し外觀を見る程度ですが、街をかなり歩き廻つて、參考になる建物を見るたびに感嘆の溜息が出ました。試しに、現代の住宅雜誌を何冊か讀みましたが、どれも全く參考になりませんでした。參考になるのは、大正から昭和初期の文獻ばかりでした。

工務店や設計事務所は、探せば幾つか見附かると思つてゐたら、昔の普通が今の普通では全くなく、東京でこれらの仕樣で家を建てることがいかに難しいか、計畫を始めてみてよく分りました。しかし、半年以上をかけてやつと工務店を見附け、前進してゐます。

【洋館と和洋折衷住宅です。】

■昭和四年築、當時は高田義一郎邸でした。

〈下右〉玄關です。
〈下左〉二階窓です。

■新宿區立新宿歴史博物館内、和洋折衷の住宅例です。

〈左上〉玄關です。
〈左下〉應接間です。

■立派な洋館附き住宅の例（杉並區善福寺スタジオ）です。

終りに

■生涯、モダンガールを追ひ掛ける

モダンガールとその時代をずつと追ひ掛け續けてゐますが、わたくし自身が本物のモダンガールになれることは、未來永劫、決してありません。平成の世を生きるわたくしが、どんなに大正末期から昭和初期を追ひ掛けても、過去へ戻つてモダンガールとして生きることは物理的に不可能だからです。ですから、自分がモダンガールであると自稱《じしやう》することは出來ません。

しかし生きてゐる限り、わたくしはずつとモダンガールを追ひ掛け續けます。この決意は變はりません。何故なら、わたくしにとつて至上とも言へる憧れを持つたからです。その上で、現代では埋もれてしまつた、澤山の事柄を掬ひ上げて、傳へたいと思ふ様になりました。

平成十九（二〇〇七）年に設立した「日本モダンガール協會」も、自稱モダンガールの集團では決してなく、モダンガールとその時代に興味を持つ老若男女が、年に數回の大會に集まり、それまでに調べたことを發表し、共有し合ふ活動を續けてゐます。
獨自の視點から資料を探したり、洋裁書を元に實際に洋裝を製作したり、當時書かれたご家族の日記の內容を發表したり、近代建築へ訪れた話をしたり、樣々な發表をします。大正末期から昭和初期を考へる際に、モダンガールは極一部でしかありません。

敗戰前の日本を全て否定したり、忘れたり、遠くの記憶にするのではなく、いつも身近な存在として考へ續けたいのです。この本では、わたくしの目を通して氣になつた事柄や、追ひ掛けていくうちに經驗したことなどを中心に綴りました。わたくしは過去に戻りたいのではなく、過去を通して現代と未來を見つめ續けたいと思つてゐるのです。

（終り）

浅井カヨ

大正六十五（昭和五十一）年、一月十六日、名古屋市生まれ。東邦高等学校普通科美術・デザインコース（現・美術科）一期生、愛知県立芸術大学美術学部デザイン・工芸科デザイン専攻卒業。
平成十九年に「日本モダンガール協會」を設立。日本の大正末期から昭和初期の「モダンガール」と、その時代についての調査、研究、催事、展示、講演等を行ふだけでなく、昭和初期の住居で暮し、氷を入れる方式の冷蔵庫を實際に使用するなど、裝ひから暮しまで生活の實踐も行なつてゐる。その活動ぶりがメディアにたびたび紹介されてゐる。モダンガールとその時代を生涯、追ひ掛ける。
共著に『東京府のマボロシ』（社会評論社）。
［日本モダンガール協會ホームページ］
http://mogakyokai.com/
「日本大正村」村民登録番號一二七八、「日本音盤倶楽部」會員、「活動倶楽部」會員。

文・寫眞：浅井カヨ
プロデュース・編輯：石黒謙吾
意匠：守先正＋山原望（モリサキデザイン）
寫眞：岸本陸一
編輯：大西奈己（原書房）
校正：牟田都子（栞社校正室）

［資料協力］
一般財団法人J.フロントリテイリング史料館
大島椿株式会社
旧高田邸プロジェクト実行委員会
東京家政大学博物館
海口華子、加藤正崇、加藤千絵、北澤豊雄、郡修彦、戸塚弦身、前沢健哉、守田禎治

［寫眞協力］
アイスマン福留（百八、百九頁）、石川ある（四十一頁）、加藤健介（百二十八頁）、江津匡士（百二十八頁）、駒井登（四十頁）、鈴木桃子（六十九頁）、takamorin（六十八頁）、本多大輿（撮影助手）

［復刻製作］
きみどりかえる（四十頁―ワンピース、四十一頁―サロンエプロン、料理用衛生帽子、ガーター、乳カバー）
松崎亜紀子（四十、四十一、六十八頁下―ワンピース、四十一頁―海濱マント）
夜光（四十一頁―レースの付け襟）
海口華子（四十頁―帽子）

モダンガールのスヽメ

二〇一六（大正一〇五）年三月一日 第一刷

著作者 浅《あさ》井《い》カヨ
発行者 成瀬雅人
発行所 株式会社 原書房
〒一六〇-〇〇二二 東京都新宿区新宿一-二五-一三
電話 〇三-三三五四-〇六八五（代表）
http://www.harashobo.co.jp
振替 〇〇一五〇-六-一五一五九四
印刷・製本 シナノ印刷株式会社

定価はカバーに表示してあります。
造本には十分注意しておりますが、落丁・乱丁（本のページの抜け落ちや順序の間違い）の場合は、小社読者係宛にお送りください。
送料は小社負担でお取り替えいたします（古書店で購入したものについては、お取り替えできません）。

ISBN978-4-562-05288-2, Printed in Japan